日本の人的資本経営が危ない

強みを活かした変革の戦略

佐々木 聡

パーソル総合研究所
上席主任研究員

日本経済新聞出版

はじめに

一過性に終わらせないために

　「人的資本」という概念は、筆者が20年以上にわたって携わってきたテーマである。そして昨今になって急速に耳目を集めることに、「いまさら感」をおぼえるのが正直なところである。1990年代後半には、人材を「資源」ではなく「資本」とする斬新な人事コンセプトとして、国内でも注目されていた。しかしその当時、意図する真の人的資本経営を実践している企業は、欧州にあっても日本では限られた企業のみであった。

　その頃、よく目にした日常的な変化は、例えばクライアント企業の名刺に記されている組織名が、「人材開発室」から「人財開発室」に変わったことに象徴されるだろうか。その志は確かで、そこに関わる方々の献身ぶりに筆者自身も共感し、支援することに精を出してきた。しかし振り返ってみると、名称倒れに終わってしまい、人的資本における実質的な進化は見られず、海外と大きな差がついてしまったことにため息をついていることも事実だ。一方で、人的資本という言葉を持ち出さなくても、当たり前のように惜しみなく人材投資に励んで高い業績を出し続ける企業が存在していることに、あらためて気づかされる。

　仕事柄、筆者は上場企業の経営者やCHRO（最高人事責任者）[1]などの人事関係者、あるいは指導している大学院で経営学領域の授業を担当する教員や学生、またはシンクタンクやコンサルティングビジネスに関わるステークホルダーとの接点が多いため、それぞれにどんな関心や問題意識があるのか、リアリティを持って受け止めている。

　「このまま日本経済の低迷を許してしまっていいのか。その要因を生み出している日本型雇用には限界を感じるが、その解決策が本当にジョブ型雇用なのか。ESG（環境・社会・ガバナンス）[2]やHCM（人的資本マネジメント）[3]といったバ

1）　CHRO（Chief Human Resource Officer：最高人事責任者）
2）　ESG（Environment、Social、Governance：環境、社会、ガバナンス）
3）　HCM（Human Capital Management：人的資本マネジメント）

ズワードに踊らされ、政府や官庁の枠組みに動かされて、日本企業は自分たちの方向性を見失ってはいないか」といった危機感や迷走感が漂っている。

一方で、「かつてのように経済成長を追い続ける成長国家ではなく、成熟国家としての戦略を考えればいいのではないか」という考え方もある。しかし成熟国家は誰もが皆成長できるわけではないため、貧富の差が大きい格差社会をつくり出してしまう。日本が成熟国家となってしまった以上、右肩上がりの経済の時代に歩んだ量的成長から、環境や安全、健康といった質的な成長が重要な柱となる。言葉を変えれば、ESGや人的資本こそが重要な戦略となっていく。

にもかかわらず、昨今の人的資本に沸くムーブメントが、人的資本情報の開示の在り方に目を奪われて、肝心の人材投資が骨抜きになったままでは一過性に終わり、成熟国家としてさえも成り立たなくなる。気候変動問題など地球規模で危機感を持ちはじめた海外のステークホルダーは、そんな日本に厳しい視線を注ぐことになる。そういう時代になってきた。

しかし日本にかつて存在した、人本主義経営という歴史的経験則から言えば、日本の人的資本経営はむしろ、海外が模倣しようとした本家本元なのである。それは通奏低音のように根づいており、日本が得意としてきたことでもある。そんな日本を温故知新の目で見つめ直す必要に駆られて、筆をとることにした。

したがって、本書は人的資本経営に関する礼賛書でもなければ批判書でもない。人的資本経営に対するテクニカルな対処法に若干は触れるものの、主軸にはしない。人的資本経営の根底にあるエッセンスを時間軸と空間軸を通して見つめていくことで、必ず具体的な打ち手も見えてくるはずである。どうしても手ほどきを求める場合は、それに応じた専門書やプロフェッショナルなコンサルテーションに委ねる方が、きっと効率的であろう。

本書では、時代背景による違いや他国との対比、人的資本に関わる立場の違いから導き出される多面的な洞察を通じて、今日的な人的資本の意義と、日本企業がかつて世界をリードした自負と自信を取り戻す手がかりを見つけ出すことが、役割であると心得て、筆を進めていきたい。

アルファベット・スープ現象が意味すること

本書では、ROE（自己資本利益率）[4] といった英文字3文字略称の表記が頻繁に登場する。これは意図的に使っているのではなく、「人的資本」の本質を理解

しようとすればするほど、その周辺にはさまざまな概念、活動する組織の存在に行き当たり、引用する必然性が増してくるからである。これはアルファベット・スープ現象とも言われ、頭字語や略語が世間に溢れすぎていることを揶揄する比喩であるが、それゆえに長い名称を持った数々の概念や基準、フレームワーク、組織・団体が数多く存在している状況を言い表してもいる。

また、略語の多くが英語による表記であるということは、世界の共通言語である英語を通じて、国境を超えた共通かつ重要な概念として浸透していることを意味している。例えばSDGs（持続可能な開発目標）[5]やESGは、国連を通じて世界に発信されている。

ヒト、モノ、カネ、情報、時間といわれる経営資源において、ヒトの領域を扱う人的資本が、もはやその領域にとどまらず、経済的規範、社会的規範のなかで中心的な存在として位置づけられていることを示す証しでもある。人的資本マネジメントを表すHCMは、このESGとその先のゴールとなるSDGsと大いなる関連を持つ概念であり、日本国内の議論に終始する次元ではなく、全人類すべてのステークホルダーを包括するグローバル・アジェンダとして認識しておくべきであろう。

世界で起きていること

グローバル・アジェンダのなかで、最も危機感を高めているのは気候変動である。企業の温室効果ガス排出削減の選択肢として期待が高まるカーボンクレジット市場の動きも活発化している。自然環境や人の暮らしに、さまざまな影響や被害が表れはじめ、温室効果ガスの排出量「実質ゼロ」を目指す脱炭素社会の実現に向けた若者世代による抗議デモが行われるのは、ニューヨークのウォール街など海外に限った話ではない。

日本でも気候変動を止めるため、若者らが経済産業省の前で抗議のスタンディングやハンガーストライキを行うなど、これまでに見られなかったことが実際に起きている。脱炭素社会に向けたカーボンニュートラル政策や温室効果ガスの排出量が多い企業に厳しい目を向けるのは、投資家や消費者だけではなく、将来を

---

4) ROE（Return On Equity：自己資本利益率）
5) SDGs（Sustainable Development Goals：持続可能な開発目標）

背負う若者世代などさまざまなステークホルダーである。

　リーマン・ショックから多くの反省を学んだ金融界や経済界は、その姿を大きく変えつつあることに、われわれはもっと注意を払わなければいけない。環境に「配慮する」といった次元ではない。ESG投資は環境問題解決の糸口として資本主義の形を変えようとている。「自然資本[6]」に対しても、世界が関心の目を向ける。G7首脳会議は気候変動への対応を超えるほど熱心な場となり、自然資本を重視する動きも急速に高まっている。地球生命を維持する自然資本は、人的資本や金融資本を支える礎だ。

　このような地球的規模による高まりのなか、将来の健全な社会を実現していくうえで、その基盤を形成している企業の存在意義はとりわけ大きい。かつてのビジョン経営に代わってパーパス経営が重要視される理由でもある。このような世界的な潮流に、日本企業の存在価値が問われているのである。

日本型雇用に変化の兆し

　そしていま、日本では人的資本の根幹とも言える「雇用」の在り方、企業を牽引する日本の経営者と、そこに属する従業員との関係性が大きく変わろうとしている。2020年初頭に経団連（日本経済団体連合会）が企業への導入を呼びかけた「ジョブ型雇用」。そして海外の動向に促されたかのように、内閣官房や経済産業省、金融庁が政官あげて取り組みはじめた「人的資本経営」。この「失われた30年」には存在しなかった大命題を、経営者や企業人事はいま、問いかけられている。

　壮大なグローバル・アジェンダを解決していくうえで、これまでの日本型雇用では限界にあることを、企業経営者よりも先に政府や官庁、関連団体が気づきはじめ、危機感を募らせているのである。戦後から日本経済を主導してきた日本企業は、長らく迷走している。それは右肩上がりの高度経済成長時代に確立され、国内だけに通用していた、「社員は会社についてくるもの」という日本型雇用の呪縛から経営者が抜け出せずにいることに他ならない。

　バブル崩壊後の経済成長の鈍化と日本企業の国際競争力の劣化、働く人のエン

---

6)　森林、土壌、水、大気、生物資源など、自然によって形成される資本（ストック）のこと。自然資本から生み出されるフローを生態系サービスとして捉える。

ゲージメントの低下など、このまま無策な企業経営が行われれば、成長しない失われた期間が40年、50年と続くかもしれないという危機感がいよいよ顕在化してきた。

2022年は「人的資本開示」元年と言われている。しかし企業は、人的資本に対して官庁主導の政策のもとで受動的に向き合うべきではない。人的資本に関する情報開示項目の選定に右往左往し、他社の出方を待ちながら無難な落としどころを探ることが人的資本経営でもない。

人的資本は情報開示が目的ではなく、ステークホルダーの期待に応えながら自社が持続的に競争優位を保ち成長することにある。統合報告書[7]の見せ方に熱心になって近視眼的、手段思考に陥ると、日本の人的資本は世界から見放されて存在感を失ってしまうだろう。

自社の存在意義を問い直し、実現に向けて人的資本を活かした独自の企業経営、戦略人事を達成する姿を、世界の投資家や消費者、取引先や関連業者、従業員は望んでいる。

日本には社会、企業、個人の「三方良し」の精神が、江戸時代から根づいている。日本にとってHCMとESGの両者は表裏一体として、馴染みやすい風土がある。その地の利を活かせば、かつて人本主義企業として世界から評価されたように、日本は人的資本経営において世界をリードできる潜在力を秘めているのである。

本書の目的と構成

本書はこのような問題意識のもとに、全体を構成している。

第Ⅰ部では、「人的資本の論理と戦略」と題して、人的資本の本質をつかむために、その源流にさかのぼり、時代背景が異なっても変わらない人的資本の基本構造を示した。

日本企業の進化と軌跡をたどりながら、その明暗を分けた日米欧の違いは何か、大きな潮流となりつつあるESG、あるいはSDGsと、これまで取り組まれてきたCSRとは何が違うのか、それぞれの関係性を整理している。

---

7) 企業の売り上げや資産など法的に開示が定められた財務情報に、企業統治や社会的責任、知的財産などの非財務情報を加えたもの。

また、政府や官庁から次々に打ち出される新しい枠組みに対して、海外の動向にも触れながら理解を深めていく。メインバンクガバナンスからエクイティガバナンスへ、株主資本主義からステークホルダー資本主義へとパラダイムが大きく転換している現実を踏まえて、日本企業が他社の動向に意を注ぎすぎて「横滑り」な模倣をすることなく、独自の人的資本経営を営むスタンスと情報開示の在り方を提示している。

　後半では、現段階で人的資本経営に取り組む日本企業の実態、あるいはステークホルダーにあたる求職者の関心事項を、客観的かつ多角的な調査を通じて明らかにしている。加えて自由回答に見られる当事者の本音に耳を傾けて、本当に必要な対応を「あるべき論」ではなく、実際に必要な対応として提示する。

　そのうえで人的資本経営を推進する中心的存在となる企業の人事部門が、人的資本経営を機能させるために極めて重要となる「戦略人事」を実践できているかどうかを検証しつつ、そこから見出される課題を示し、人的資本経営を実現させるための実効性の高い道筋を明らかにしていく。

　第Ⅱ部は、アカデミアあるいはジャーナリストの立場から、人的資本経営をどのように見ているのか、対談形式で語っていただいた。ファイナンスを軸とするESG投資、地域経営などのテーマを扱う研究者、あるいは長期にわたり日本企業の知的資本を独自の視点で考察する研究者、そして経済産業省が設置した、「持続的な企業価値の向上と人的資本に関する研究会」、いわゆる人材版伊藤レポートを取りまとめた会議体にも参加したジャーナリストとの対談を通じて、それぞれの立場から見る人的資本経営の姿と、人的資本経営を骨抜きにしないための本質的な論点や現実解を取り上げる。

　そこから見えてきた示唆を通じて、人的資本経営をより多角的に考察することで自社への適応可能性を探る筋道を提示する。実際の対談場面では、忌憚のない率直な視点で語っていただいた。個人的にも多くの気づきを得ることができ、貴重な経験となった。

　第Ⅲ部では、経済産業省による「持続的な企業価値の向上と人的資本に関する研究会」あるいは、その後続となる「人的資本経営の実現に向けた検討会」、人材版伊藤レポート2.0に参加した企業で、人的資本経営を早い段階で実践し、他社からベンチマークされている企業の人事部門の責任者に対して、筆者が直接インタビューを行った。

各社が取り組む人的資本経営に関して、その必然性がどこにあったのか、何を一番に大事にしているのか、他社が見逃しているかもしれない論点があるとすればそれは一体何なのかなど、各社に共通する質問と、企業固有の取り組みに対する質問とを織り交ぜながらエッセンスを引き出すことを試みた。

　企業が人的資本経営に取り組む意義と、組織のなかに実装し、根づかせていくために必要な考え方や方法のヒントをいただいた。先駆者ゆえの独自のアプローチは、決して各社固有の自己完結型ではなく、多くの日本企業にも適応できる、再現性ある取り組みであると確信する。

　なお、本文中の肩書、データは取材当時のものである。

第3章　情報開示の誤解を解く　77

第Ⅱ部　人的資本を骨抜きにしない論点解明
有識者の視点

第Ⅲ部 先端をいく企業は何が違うのか 実践の現場の声

装丁・竹内雄二

第 I 部

人的資本の
論理と戦略

新たな「枠組み」が出現すると、それに対するさまざまな
「取り決め」が提示されるのが世の常である。しかし、そ
の枠組みの正しい理解なくして真の目的にかなった運用
をすることは難しい。第I部では、人的資本に関連する
今日的なフレームワークや取り決めに関する理解を深め
ることで、確かな実践へとつながる学びの場として位置
づけたい。

ちなみに、取り決めと言われるものには、それを遵守す
る拘束力に段階がある。本書では数々の取り決めが登
場するため、第3章に参考として記している。

第1章 進化の軌跡と国際比較

1. 人的資本の温故知新

「人的資本」は、古くて新しい概念である。いま、目の前で起きている現象がはるか昔にも存在していて、時代を超えても本質的にはまったく変わらない、同じ意味合いを持っていることはよくあることだ。昨今、にわかに耳目を集める人的資本も、時空を超えた社会的課題、経済的課題として関心が寄せられ、議論が交わされ、研究が進み、社会で実証されてきた。

『論語』には、孔子が「温故而知新、可以為師矣（昔のことを研究してそこから新しい道理を得ることができたなら、その人は氏として仰がれる資格がある）」と説いたと書かれている。人的資本の原点や現在に至る過程を知り、人的資本の今日的な意義を問い直してみることで、この先の持続的な企業経営や人事施策に活きる知恵になるかもしれない。再び注目されつつある人的資本の「故きを温ねて、新しきを知る」ことで、目の前で発生する状況対応に気がとられて見落としてしまった真髄に、触れることができるかもしれない。

人的資本という概念。この源流にさかのぼると、「経済学の父」といわれるアダム・スミスの『国富論』が世界に大きな影響を与えた18世紀にたどり着く。アダム・スミスはすでに当時から、多くの労力と時間をかけて教育された人の仕事は、価値ある資本の利潤に回収されると説いていた。当時の重商主義を批判し、「富というのは特権階級が重視する金銀を増やすことではなく、庶民にとって必要な生活の必需品を労働によって増やすことだ」とした。そのうえで職業と教育費との関係性を示して、豊かな社会を生み出すためには人材投資が重要であるという人的資本論を、すでに展開していた。

その後、第二次世界大戦を終えた1950年以降にジェイコブ・ミンサーやセオドア・シュルツ、ゲイリー・ベッカーなどの経済学者によって、教育の経済効果における理論構築と実証がなされ、アダム・スミスが示した人的資本が再定義されていった。1960年代には教育経済学が人的資本論を右腕に、教育や雇用政策に対する発言力を高めていったのだった。

しかし、70年代に入ると教育の所得や経済力への効果は確定的ではないとされ、人的資本論への信頼と希望が一時的に下火となってしまった。その後、教育と経済が相互に効果的に作用する環境のメカニズム解明が進められるようになったことで、教育の選択、格差、国際化など多岐にわたる社会的課題、経済的課題を対象に、研究が広がりをもって推し進められていった。

日本においても、その源流を見つけることができる。歴史上の偉人として挙げるならば、「日本資本主義の父」と敬われ、日本経済の発展に大きく貢献した渋沢栄一だ。それは1916年に刊行された『論語と算盤』に見られる。『論語と算盤』では、渋沢が若い頃に親しんだ儒学の倫理にもとづく「公益」と、実業家としての「私益」、一見すると相反するこの2つを車の両輪のように考えた。『論語』は孔子が語った道徳観を弟子たちがまとめたものだが、渋沢は人の道を説く論語を、実業を行ううえでの規範とした。当時、出世や金儲け一辺倒になりつつあった資本主義の世の中を、論語に裏づけられた「人としての徳」で律し、そして公や他者を優先することで、豊かな社会を築くことを決した。2500年も前の古代に生きた孔子が弟子を大事に育て、それを『論語』として残していった教えを、渋沢は自ら実践していった。

ちなみに、この『論語と算盤』に近い概念を、いまの時代に提唱しているのが、競争戦略に関する研究の第一人者として知られるマイケル・E・ポーター教授である。2011年に発表したCSV（共有価値の創造）[8]は、営利企業が社会ニーズなど社会的課題の解決に対応することで、「社会的価値」と「経済的価値」をともに創造しようとするアプローチである。時代を超えても国境を越えても、社会と経済を結ぶ関係の本質は変わっていない。

21世紀になった現在、グローバル化の加速や、情報化社会への劇的な環境変化にあっても、アダム・スミスやゲイリー・ベッカーが主張してきた原理はその

---

8) CSV（Creating Shared Value：共有価値の創造）

ままに、地球規模で持続可能な成長を支える位置づけとして、人的資本に大きな期待が集まっている。

2. 人本主義企業

　天然資源に恵まれない日本は、いにしえの時代から人的資源に頼らざるを得ない宿命にあった。狩猟採取社会の時代は個人行動で成り立っていたが、農耕社会の時代になると川から水を引いたり、肥沃な土地に耕したりして社会基盤を整えるために、一人ではできない集団行動が必要となった。仲間同士で知恵を出し合いながら、限りある天然資源を持続的に確保できるように、時間と労力を農耕に投資して、その収穫を皆で分け合った。

　集団行動を得意とした日本はその後、近代化が進んで工業製品をつくるようになると、その集団行動特性が飛躍的に活かされ、モノづくりで世界にその存在感を示した。原料を輸入して、そこから材料をつくり、それを製品に加工して輸出する、いわゆる加工貿易で飛躍的な発展を遂げてきた。

　しかも手先が器用で、繊細な感性を持つ日本人の気質が高い品質を生み出し、その特性が発揮されて戦後の高度経済成長を導き出した。壊れにくい電化製品や燃費のいい自動車などの輸出によって、西ドイツを抜いてGDP（国内総生産）[9]で世界第2位の国にまで上りつめた。

　時代が、昭和から平成へと切り替わる平成元年（1989年）当時の日本企業は、圧倒的な存在感で世界を席巻していた。世界時価総額ランキングの上位50社に日本企業は32社、じつに3分の2を占めていた。しかも1位から5位までは日本企業だ。日本に次いで米国が15社、欧州が3社という状況に、まさに日本企業が世界経済のトップランナーであることを、世界中の誰もが認めた。

　日本企業に勢いがあったその頃、1987年に一橋大学の伊丹敬之教授が著した『人本主義企業』にも、人的資本経営の源流がうかがえる（図表1-1）。伊丹教授が定義する人本主義企業は、『論語と算盤』に共通する概念でもある。欧米に見られる株主を主権とする「資本主義企業」との対立概念として位置づけられており、従業員を主権とする人本主義企業が、日本の高度経済成長を支えた主役であ

---

9)　GDP（Gross Domestic Product：国内総生産）

図表1-1 人本主義企業と資本主義企業

	人本主義企業	資本主義企業
企業の概念	従業員主権	株主主権
シェアリングの概念	分散シェアリング	一元的シェアリング
市場の概念	組織的市場	自由市場

出所：伊丹敬之『人本主義企業』筑摩書房、1987年

り、世界に誇る競争力の源泉であるという言説は、当時から注目されてきた。

　人本主義という切り口は、高度経済成長からバブル崩壊までの日本企業の強みを構造的に解き明かしたもので、海外からも支持された。戦後の日本の企業社会は、それまでの先進国の資本主義的な企業社会とは異なる、非階層化された民主的な企業社会をつくりあげたと論ずる。その象徴として、トヨタ自動車が米国GM[10]との合弁工場であるNUMMI[11]という、カリフォルニアにある工場を引き継いだ際の事例を示している。資本主義企業の最たるものと言ってもいいGMのとある古い工場で、人本主義企業だったトヨタがマネジメントを主導したことで、生産性が3倍になったことを取り上げて、人本主義の重要性を説いている。

　それまでのGMの、雇用に関する経営側の価値観は、次のようなものだった。労働者を手足として扱い、毎朝定時に出社させて、決められたことに文句を言わせず作業させて、夕方になったら帰ってもいいし、それ以上を期待しないし会社にも期待するな、会社は給料を渡すから、あとは勝手にやってくれ、というものだった。

　それに対してトヨタは、会社は従業員たちのものと考え、平等感と参加意欲を重んじる仕事をさせて、お互いの長期的なつき合いを大事にした。いにしえの時代から集団行動を得意としてきた日本の、ヒトを最も重要な資産と考える人本主義は、世界でも通用することを示した。

10）　GM（ゼネラルモーターズ）

11）　NUMMI（New United Motor Manufacturing, Inc.）

3. 本格的な人的資本経営は90年代に海外から

　伊丹教授が人本主義を唱えていた頃、海外では1970年代に一時的に下火となっていた人的資本が、「知的資本」という概念の登場によってビジネスの中核として再び注目されるようになった。本格的に動き出したのは1990年代である。知的資本という概念は1991年に雑誌『フォーチュン』に初めて登場し、「資本とは、単に財務資本をいうのではなく、頭脳＝知的資本を指す」と示し、「知的資本は米国企業の最も価値のある資産であり、最大の競争力の源泉だ」とメッセージを送ったことで、企業の問題意識に火がついた。

　米国に限らず、知的資本に関してはスウェーデン、デンマーク、イギリス、ドイツなど欧州でも国レベルで実践的に取り入れられた。その多くは知的資本の開示の在り方についてのものであったが、そのうちいくつかはマネジメント・メソッドとして発達している。BSC（バランス・スコアカード）[12] も、知的資本マネジメントの議論のなかから生まれたものである。

　スウェーデンを本拠地に世界で保険事業を展開するスカンディア社が、知的資本マネジメント実践企業の第一号である。1994年にはアニュアルレポートの付録として知的資本報告書を提出した。スカンディア社は知的資本を実践して、その成果として10年間で株価が10倍となる成長を成し遂げたことを公表してい

図表1-2　スカンディア社の知的資本

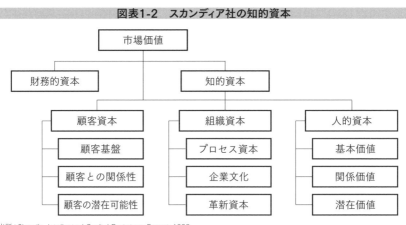

出所：Skandia, *Intellectual Capital Prototype Report*, 1998

る。また、知的資本を次のように体系化している（図表1-2）。知的資本が、いずれもバランスシートには記載されない無形の価値として扱われてきたのは、現在と同じ考え方である。

カナダのカナディアン・インペリアル・バンク・オブ・コマース社は、株主や社員に対して自社の隠れた価値を示すために、知的資本に関する測定を始めていた。アジアでも香港、マレーシアでは、自国の知的資本を測定して、海外へアピールすることで海外からの投資や優秀な人材の誘致を試みるなど、国を挙げて人的資本の向上に取り組んでいった。

4. 明暗を分けた日米欧

このように、1990年代以降は欧米やアジアの成長国が人的資本の価値に気づき、本腰を入れて取り組んでいった。しかし日本はこれとは対照的に、逆の方向に向かってしまった。激変する時代にキャッチアップできなかったどころか、むしろ成功体験が足かせとなって、先進国では日本が一人、取り残されることになってしまったのだ。その理由を、戦後から振り返ってみたい。

戦後の日本の高度経済成長要因を分析し、日本的経営を高く評価した社会学者のエズラ・F・ヴォーゲルによる1979年の著書『ジャパンアズナンバーワン—アメリカへの教訓』[13]は、米国内にとどまらず世界的に注目され、多くの日本人も手にした。米国の背中を追ってきた日本がようやく米国に背中を見せられることに誇りを抱き、その余韻は長らく続いた。

1989年12月末、東京証券取引所の大納会の日経平均株価終値が3万8,915円の過去最高値をつけた絶頂期に、日本政府が過熱しすぎた金融市場、つまりバブル経済をコントロールするために総量規制を実施したことで地価が大きく下がった。同時に公定歩合を引き上げ、地価税を導入したことがきっかけで、バブルが一気にはじけた。

その混乱のなかで、国外では1989年にベルリンの壁が崩壊し、世界が大きく変わりはじめた。壁がなくなったことで、まずはモノのグローバル化が始まり、

12）　BSC（Balanced Scorecard：バランス・スコアカード）
13）　Ezra F. Vogel, *Japan as Number One: Lessons for America*, 1979

同時にインターネットの普及によって情報のグローバル化が進んだ。次に国際資本の完全移動性が実現してカネのグローバル化が加速した。

つまりヒト、モノ、カネ、情報という経営資源において、急速にグローバル化が進んでいったのだ。ヒトのグローバル化に関しては海外ではすでにその状態にあったが、日本においてはヒトのグローバル化で大きく出遅れていた。

グローバル化とデジタル化、技術のオープン化という大きな波のうねりによって、これまでの競争原理は変質した。ブラウン管テレビや携帯電話といったアナログ製品全盛時代において、同質性が高い、ヒトベースでクローズな「すり合わせ」による、日本が誇った技術革新は、海外におけるクラウドサービスやアプリといった、多様性の高い人材による「組み合わせ」のオープン・イノベーションによって、すっかりと色褪せてしまった。

人本主義を唱えた伊丹教授は、『人本主義企業』を上梓したその15年後に、バブルが崩壊して長らく低迷する日本経済の原因の一部に、人本主義のオーバーランがあると総括している。90年代に入ってから、冷戦構造の終焉とバブルの崩壊という、国政の根幹をなす安全保障と、経済の根幹をなす金融システムが、不透明と不安定に直面。加えて80年代の半ばから顕在化した人口の高齢化、90年代に米国で急速に起きたIT革命で日本が米国に後れをとり、経済の国際競争の面で大きな痛手を受けた。

伊丹教授は、人本主義を原理的に合理性の高い仕組みであるとする一方で、急激な環境変化においてはその合理性のすぐ横に負の側面が隠れていると警鐘を鳴らしていた。ヒトのネットワークを安定的に育成して維持するという正のすぐそばに、ヒトのしがらみに足をとられて、動きが鈍くなるという負のオーバーランに陥り、そのオーバーランによる副作用にも気づかなかった経営の在り方にも言及している。

日本においては、経済産業省が2022年を「人的資本経営元年」であると宣言している。しかしそれは、欧米に周回遅れの差がついてしまったことを意味している。1周では済まないかもしれない。

5. OJT依存の人材育成に限界

上述の要因に、「従業員は黙っていても会社についてくる」という日本型経営

のおごりが、人材を無意識のうちに「経費」と見なしてきたことが考えられる。日本型雇用の象徴とされるメンバーシップ型雇用が長く続いたことで、ある種の楽観主義が働き、社員が離職することに対する危機感が薄くなっていった。

これまで、「日本はOJT[14]で人を育ててきた国である」とされてきた。確かに職場では、先輩社員が新人や若手に熱心に指導するOJTが盛んに行われる光景は日常的にあった。しかし、その主張もそろそろ限界に近づいている。日進月歩で進化するテクノロジーを部下や後輩に教えることができる上司や先輩は減りつつあり、また彼らは成長なき時代に育ったため、成功体験やリーダー経験に乏しく指導力に欠ける。その教え方も属人的ゆえに再現性に欠ける。そしてその上司や先輩自身がリスキリング中だ。つまり、学び直しを経済産業省から求められているような状態だ。では、一方のOff JTはどうだったのか。

後述するが、Off JTによる人材投資額は、世界比較で見ると驚くほど大きく見劣りする。海外勢は、無形資産への投資を推し進め、GAFAM[15]などのメガプラットフォーマーを生み出していった。グーグルは、創造性を生み出すための働き方の原理を追求し、人材の採用から、育成、評価に至る人事施策を独自に形成していった。2012年にグーグルが社内で研究・調査を行ったプロジェクト・アリストテレスでは、チームの生産性向上の最重要要素として「心理的安全性」の重要性を実証し、多くの企業に影響を与えた。

しかしグーグルは、単純に心理的安全性の高い関係性ばかりに気をとられた「仲良しクラブ」に陥ることなく、高い仕事の基準のもと、タスクの健全なコンフリクト（衝突）がある主体的なチームをつくりあげていった点が、真の人的資本企業としての強みである。

ハーバード・ビジネス・スクールのゲイリー・P・ピサノ教授が指摘するように、心理的安全性を保つには、歯に衣着せぬ物言いを快く受け入れなくてはならない厳格性が同時に求められる。人的資本経営を貫いている企業は剛と柔を兼ね備えているが、それは一朝一夕に生み出されるものでもない。そこに他社が模倣困難となる優位性がある。

GAFAMなど新たな時代の担い手の登場を横目に、日本は経済成長の鈍化と

---

14) OJT（On-the-Job Training）
15) GAFAM（Google、Apple、Facebook〈現Meta Platforms〉、Amazon.com、Microsoft）

国内企業の国際競争力の劣化、働く人のエンゲージメントの低下など、成長しない失われた期間が平成元年以来、30年以上続いていることを軽視してはいけない。

　ちなみに、「失われた30年」と言うべき平成が終わりを告げた2019年において、世界時価総額ランキングの上位50社のうち、米国が31社と大きく躍進、次いで欧州が8社、中国が7社、そして韓国、台湾、香港、日本が1社ずつという状況にある。約30年前に32社あった日本企業が1社に激減したことは、日本企業の大きな地盤沈下を物語っている。

6. ヒトとカネ

　その後退ぶりを象徴するのが、財務的な指標でいえばPBR（株価純資産倍率）[16]の低迷である（図表1-3）。PBRとは、地価に例えれば坪単価にあたる。

図表1-3　PBR

$$PBR = \frac{時価総額}{純資産}$$

　PBRは、企業が保有する会計上の純資産からどれだけの時価総額を生み出しているかを示す、財務指標のなかでも単純明快な指標であるが、時価総額（株主価値）から純資産（株主資本価値）を除いた分を市場付加価値（知的資本、人的資本、製造資本、社会・関係資本、自然資本などの非財務資本）と見立てると（図表1-4）、リーマン・ショック後にPBRが1.0倍を割る企業が海外と比べても多く、今日まで長らく続いていることが数々の調査で明らかになっている（図表1-5）。

　PBRが1倍割れするということは、市場付加価値がマイナスの価値破壊の状態にあることを意味しており、わかりやすくいえば上場しているよりも即座に会社を解散して換金し、資金を債権者や株主に返還した方がよいということになる。

16）　PBR（Price Book-value Ratio：株価純資産倍率）

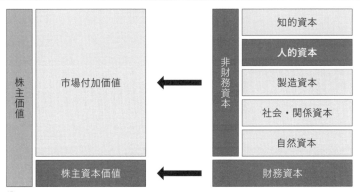

図表1-4　非財務資本と市場付加価値

出所：IIRC[17]-PBRモデルを改編

図表1-5　東証1部上場企業のPBR分布（2,173社）

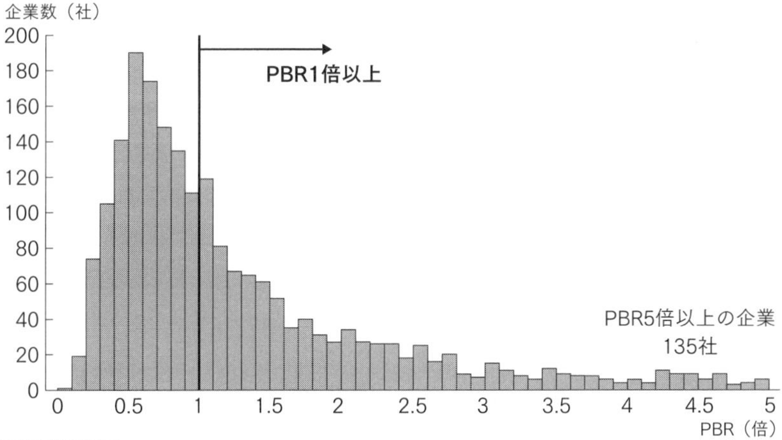

出所：経済産業政策局

『日経ESG』とQUICKが実施した調査では、2022年に東京証券取引所の市場再編によって新たに登場したプライム市場において、PBR1倍未満の企業は47.2％あり、約半数を占める。投資家から見ると異常な状態が続いている。

　このままだと、日本経済が「失われる期間」が40年、50年と続くことが現実

17)　IIRC（International Integrated Reporting Council：国際統合報告評議会）

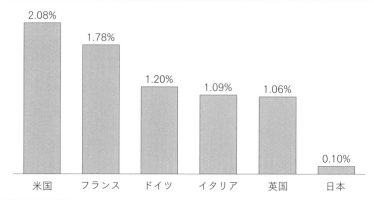

図表1-6　主要国の人材投資額の対GDP比

- 米国　2.08%
- フランス　1.78%
- ドイツ　1.20%
- イタリア　1.09%
- 英国　1.06%
- 日本　0.10%

出所：内閣府の資料より作成

のものとなってくる。人本主義企業を自負してきた日本型経営の姿はもはや市場から見えなくなっている。

　以上、源流にさかのぼりながら、人的資本のルーツをさまざまな事案を通じて考察してきた。「経営の神様」と言われた松下幸之助は、折に触れて「事業は人なり」と語り続けてきた。また、ヒト、モノ、カネ、情報、時間のなかで何が最も重要な経営資源なのかを経営者に問うと、間違いなくヒトと答えるであろう。

　しかし、本当にそうなのだろうか。日本企業の人材投資額[18]は、内閣府が2010年から14年までに集計した平均で、GDP（国内総生産）[19]比でわずか0.1％、米国が2.08％、フランス1.78％、英国1.06％と、日本だけが極端に低い（図表1-6）。人材投資総額では2010年から14年の円換算平均で、米国が約30兆円に対して日本は約5,000億円ということになり、60倍もの差がある。人口比率を差し引いても、この差は大きい。

　個人においても、OECD（経済協力開発機構）[20]によると、仕事に関連するリスキリングへ参加する人の割合は日本で35％、米国や英国が50％前後で、日本が見劣りする。

　経済学には、人的資本を計測する恒久棚卸法（PI法）がある。人的資本の蓄積

18）　OffJT費用である「能力開発費」（教育訓練ストック）
19）　GDP（Gross Domestic Product：国内総生産）
20）　OECD（Organisation for Economic Cooperation and Development：経済協力開発機構）

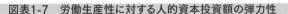

図表1-7　労働生産性に対する人的資本投資額の弾力性

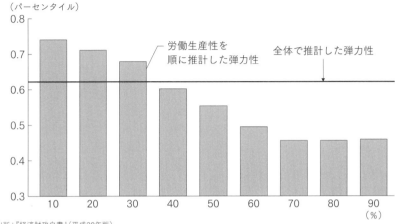

出所：『経済財政白書』（平成30年版）

に要した費用、例えば研修費を投資として扱い、この投資が積み上がることで形成される人的資本のストックを、物的資本の計測で用いる方法によって計測する。学習院大学経済学部の滝澤美帆教授が日本経済新聞にコメントした際の記事が理解しやすいので、以下に引用する[21]。

　上述の計測によると、人的資本も物的資本のように消耗し、減耗率は年25～40%だとされる。技術の進歩などによって必要とされる知識やスキルも変化するため、人への投資を持続させなければ、あっという間に陳腐化してしまう。

　この方法で経済全体の人的資本投資額を計測すると、1990年代後半から減少し、近年は横ばいで推移している。2018年で約6,700億円。人的資本ストック額も2011年以降、ずっと増えていないという。従業員一人当たりの教育訓練費は、おおむね年間1万～5万円とみられる。これに対して海外の大手企業では、日本企業の3～4倍の金額を教育訓練費に投入している。

　GDPに占める無形資産投資額の国際比較を見ると、ソフトウェアや研究開発投資などにおいて、日本は他の先進諸国と比べて遜色ない水準にある。しかし、人的資本投資額は、前述のように主要国のなかで最低レベルである。

　一方で、人的資本投資額とROA（総資産利益率）[22]や労働生産性には、正の相

21）『日本経済新聞』2022年8月31日付朝刊

関があることがわかっている。ICT（情報通信技術）、R＆D（研究・開発）投資、資本装備率など、その他の無形資産を加えた重回帰分析でも、人的資本投資額は労働生産性やROAにプラスで関係している。

企業のある時点での、生産性ポジション別に見た「人的資本投資額の労働生産性への弾力性」を示したグラフ（図表1-7）では、ある変数に変化を与えたときに、もう一方の変数がどう変化するかという変動比を、「弾力性」という指標で表している。「企業が1％の人的資本投資を増やした場合、どの程度、労働生産性が上がるのか」を、労働生産性の高い企業から低い企業まで、10％ごとに区切って図示している。

7. 経営者が人材投資に消極的になった理由

日本の経営者が人材投資に消極的になった理由は大きく2つある。その一つに、教育訓練費が財務会計上で費用として計上されることがある。業績の悪化が続いている企業がメインバンクや株主に説明を求められる際に、教育訓練費は費用として計上されるため、短期的には資本効率を低下させてしまうことから、説明を避けたい意向が働くと指摘されている。短期的な成果が表れやすい設備に投資していることで、説明を果たそうとする。

しかし第3章で後述することになるが、昨今の投資家は、設備投資よりも人材投資に3倍以上の投資期待値を持っている。投資家はサステナビリティやESGの観点から、中長期的な投資に切り替わってきている。経営者はその変化に早く気づくべきである。

もう一つの理由が、転職率の増加である。自社で時間と費用をかけて育ててきた人材が、その成果を発揮する前に社外に転職して流出してしまい、投資は無駄だったと考えてしまう。将来の経営人材と見立てた社員を海外のビジネススクールに高額の学費と2年間の非労働時間を費やして入学させるものの、修了して職に戻るやいなや、高額な報酬を得られる他社に転職されてしまうことに忸怩たる思いを抱いた経験がある経営者は多い。

実際に、日本の転職率は昭和の終わり頃から右肩上がりで増加し続けている

22）　ROA（Return On Assets：総資産利益率）

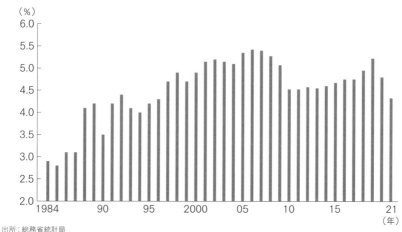

図表1-8　転職率の推移

(％)

出所：総務省統計局

（図表1-8）。

　人材の流動化による健全な労働市場が形成されていけば、このようなことは当たり前に起こることであり、企業としては少しでも他社より魅力のある会社にと磨きをかけることが重要で、それこそがいままさに問われている人的資本経営であり、その情報開示によって求める人材を呼び込むチャンスにもなる。

　2022年8月、日本企業が人的資本経営の新たな段階に入るための「人的資本経営コンソーシアム」が設立された。その総会で経済産業省の西村康稔大臣は、「岸田内閣が進めている新しい資本主義の中核は、人への投資である」と強調し、「世界を視野に入れた日本の人材育成に対して、日本政府は3年間で4,000億円の投資を行う」と語った。しかし国際比較において、1桁少ないと感じても不思議ではないだろう。

　日本企業は、バブル崩壊後、その後遺症で大手金融の山一證券や北海道拓殖銀行が次々と破綻するのを横目に身構え、従業員を路頭に迷わせないように雇用を維持する代わりに賃金上昇を抑制し、稼いだ利益を内部留保してきた。しかし結果的には、世界競争のなかでは先進国で一国だけ、人材の競争力を喪失させてきたのだ。

　いずれにしても、人的資本の温故知新を通じて見えてきたことは、そこに一貫して存在している「ヒト」と「カネ」による二項対立の構造である。これまで経

営学で扱われてきた「人的資源」という用語ではなく、主に経済学で扱う「人的資本」と表現されてきたことも、財務視点でのカネと、その対比としてヒトが位置づけられてきたからである。論語と算盤、社会的価値と経済的価値、人本主義企業と資本主義企業、いずれもこの2つを論点に経営が難しい舵取りを迫られてきた。

　ただし、当然ながら「ヒトかカネか」という二者択一や二項対立の話ではない。ヒトとカネの循環モデルであり、ヒトへの投資を通じてカネが生み出され、そこで得られたカネを通じてヒトに投資して、さらにカネを生み出すという、この循環を大きくしていくことで成長し続けることが、すべてに共通する通念である。

8. 日本における人的資本経営の現在地

　ここまでたどってきた温故知新をもとに、あらためて日本におけるHR[23]マネジメントの変遷という枠組みで人的資本経営の現在地を位置づけ、なぜいま、日本にとって人的資本経営が必要なのかを整理しておきたい（図表1-9）。

　日本における人材マネジメントは、高度経済成長期から今日まで、5つの段階を経て変化してきたと言える。

　高度経済成長期は、戦後の復興から急成長路線に入り、豊かな暮らしを求めて需要が旺盛な「つくれば売れる」時代であった。経営が追求することは、規模の拡大と、効率の向上といった明快なものだった。終身雇用、年功序列、企業別労働組合という、いわゆる「三種の神器」に見られる日本型雇用の基盤ができあがった頃だ。したがってマネジメントの対象は、大量生産を可能とする労働集団だった。

　オイルショックを契機に高度成長は終わりを告げて、拡大してきた事業を縮小、他の事業に転換するなど、小集団に対するきめ細かなマネジメント、その集団に属する個人にも焦点を当てたマネジメントへと変化していった。製造現場だけでなく、営業・企画・総務など非製造部門も含んだ全社的な品質管理へと広がり、全盛となったTQC（総合的品質管理）[24]活動へと発展し、前述のように日本

23）　Human Resource

	HR1.0	HR2.0	HR3.0	HR4.0	HR5.0
年代	1955年〜	1970年〜	1980年〜	1995年〜	2020年〜
経済環境	高度成長	オイルショック〜中成長	バブル景気〜景気後退	長期デフレ長期経済停滞	再生
経営方針	規模の拡大効率の向上	減量経営事業構造転換	内需重視財テク投資	海外シフトスピード経営	ESG経営DX重視
人事管理	**労務管理**	**人事管理**	**人的資源管理**	**戦略的人的資源管理**	**人的資本管理**
管理対象	集団	個人／集団	人事施策（採用〜代謝）	人材戦略人事戦略	無形資産（人財）
目的	雇用した労働集団の**労働効率や労働生産性**を、最大限に高める	ストライキを機に、労働者個々の心理状態や働きがいといった**労働環境の質向上**を図る	日本的経営を教訓に、標準化やルール、規制が目的の人事・労務管理に代わり、**各人事施策の有機的な適合**で組織競争力を強める	**経営戦略と人材・人事戦略を連動**させて、激変する環境変化に柔軟に組織を適応させ、競争に勝ち抜き、持続的な競争優位を保つ	人材を経費ではなく、表に出にくい無形の資産と捉え、**人財に積極的に投資・開示**して組織の能力やアジリティを高めていく
特徴	終身雇用年功序列企業別労働組合	小集団活動職能資格制度	Japan as Number One組織開発男女雇均法	リストラ成果主義人事ダイバーシティ	ジョブ型雇用働き方改革DE&I

出所：筆者作成

の高度な品質管理を世界に知らしめることにもなった。

　日本経済は隆盛を極め、日本企業が世界のリーディングカンパニーへと躍進した時代が訪れ、米国型経営への批判と日本型経営の賞賛が冷めやらない1990年代初頭にバブルが崩壊し、その後長らく続く低成長時代へと突入していった。その頃から米国型マネジメント手法への傾倒が始まり、これまでの日本型経営の礼賛が逆回転しはじめた。

　業績不振による総額人件費圧縮の手段として、米国型の成果主義人事が主流と

24）　TQC（Total Quality Control：総合的品質管理）

なり、KPI（重要業績評価指標）[25] を主軸とした MBO（目標管理制度）[26] を本来の目的とは異なる評価ツールとして導入する企業が相次いだ。これまでの漠然とした能力評価や、実質的な年功型賃金の是正がされた面もあったが、外型的な模倣ゆえにマネジメントする現場で運用につまずき、日本が得意としてきた集団凝集力の減衰など、副作用を生み出したことは否定できない。

　この頃、海外では前述したように、知的資本という文脈のなかに人的資本経営の萌芽が見られ、長期的な人材投資をコツコツと進めていく企業が評価され、実績を上げていった。しかし日本では、バブル崩壊の後遺症にさいなまれて、リストラクチャリングなど後ろ向きの経営を余儀なくされた。そのため、海外と企業競争力で差がつき、人的資本経営どころか、これまでの人的資源管理をより経営と紐づけて、環境変化に柔軟に組織を適応させようとする「戦略的人的資源管理」でさえも、いまだに不十分な状態にあると言える。

9. 政官が動き出す

　そんな状態にある日本において、このまま無策では「失われた」期間が40年、50年と続きかねないことへの危機感と、グローバル比較で見る日本企業の孤立感といった外圧的力学が働き、政府や官庁がようやく動き出したのが、2014年に経済産業省内に設置された「持続的成長への競争力とインセンティブ～企業と投資家の望ましい関係構築～」プロジェクト、いわゆる「伊藤レポート」である。

　このレポートは、2012年の英国の「ケイ・レビュー（Key Review）」を手本に組まれ、企業が投資家との対話を通じて持続的成長に向けた資金を獲得し、企業価値を高めていくための課題を分析し、提言することが主な活動とされている。

　その後に取り組むことになる、「持続的な企業価値の向上と人的資本に関する研究会」（2020年）と「人的資本経営の実現に向けた検討会」（2022年）、いわゆる「人材版伊藤レポート」を理解するためにも、その前提となるこのプロジェクトに関して、座長であった一橋大学 CFO[27] 教育研究センター長、一橋大学大学

25）　KPI（Key Performance Indicator：重要業績評価指標）
26）　MBO（Management By Objectives：目標管理制度）
27）　CFO（Chief Financial Officer：最高財務責任者）

院経営管理研究科特任教授の伊藤邦雄氏の言葉を引用しながら、その意義を確かめていきたい。

その問題意識の起点は、世界でも指折りのイノベーティブな企業だったはずの日本企業が、収益力を示す代表的な指標であるROA（総資産利益率）やROS（売上高営業利益率）[28] を見ると、欧米企業に倍の差をつけられ、この傾向が20年にわたり続いてきたことにある。

加えて、「ダブルスタンダード」経営の限界と「日本型短期主義」経営への懸念が、このプロジェクトで指摘された。それは、日本企業が好調だった1980年代までは、ともすれば短期志向の資本市場に対して多くの日本企業が収益を約束する一方で、経営は長期的な視点で行う「ダブルスタンダード経営」が実践されてきたとの見方があり、それが日本企業のイノベーション創出に向けた長期的な投資を可能にしてきたというものである。

しかし、90年代の半ば以降、この良き「ダブルスタンダード」が徐々に悪しき「ダブルスタンダード」に変わり、多くの日本企業の経営者はIR[29] の機会などで投資家に対してROEやEVA[30] など、資本市場が重視する指標について語るようになった一方で、社内ではそうした経営指標に言及することなく、社内の論理を優先したり他の指標を掲げたりして、言語を使い分ける傾向が強くなったと指摘する。80年代との違いは、90年代以降、日本企業の収益性が急速に低下したことと相まって、そうした「ダブルスタンダード」を資本市場は見透かすようになったことだと喝破する。

持続的に続いた日本企業の低収益性は、欧米企業とは異なる日本型の短期主義経営によってもたらされた可能性があると、伊藤座長は言及している。経営が短期化すれば、長期的なイノベーションに向けた投資は行われにくくなるため、今後、長期的視点に立って日本企業が競争力の源泉とも言えるイノベーションを生み出すためには、そうした投資を支える長期的な資金が日本の市場に流入する必要がある。

もし長期的な資金を日本へ誘引することができなければ、日本企業の長期的な競争力の低下は避けられない。そうした悪循環を回避するにはどうしたらよいの

---

28) ROS（Rate Of Sales：売上高営業利益率）
29) IR（Investor Relations：株主や投資家に対して行う広報活動）
30) EVA（Economic Value Added：経済的付加価値）

か。これが、このプロジェクトの第一の問題意識であった。

そこから導き出されたのが、エンゲージメントとROE8％である。企業による長期的なイノベーションに向けた投資を促すためには、それを支える長期的な資金が必要であるため、企業と投資家による「高質の対話」を通じて、長期的な企業価値創造を指針とした協力関係を構築（エンゲージメント）して、企業のイノベーションを促し、日本の経済成長につなげていく。

その指標の一つが、株主資本コストを上回るROE8％である。そしてROEが8％を超えると、PBRが1倍から急に高くなる傾向にあることがわかってきた。日本の株式市場においては「8％は魔法の数字」と言われ、8％のROEが価値創造の分水嶺となっていることは、日経平均の月次データによるニッセイ基礎研究所（図表1-10）やTOPIXの10年間12カ月先予想によるSMBC日興証券など、複数のシンクタンクや金融機関による検証によって提示されている。

「伊藤レポート」によるこれらの提言は、金融庁が2014年に策定・公表した「スチュワードシップ・コード」や、日本証券取引所が翌15年に公表した「コーポレートガバナンス・コード」にも強く関連づけられていくことになる。

経済産業省や金融庁が人的資本経営を推進していく目的は、人的資本経営の狙いが、「ヒトという無形資産への投資とその情報開示を前向きに行っている企業

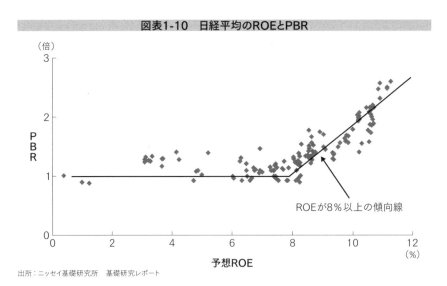

図表1-10　日経平均のROEとPBR

ROEが8％以上の傾向線

出所：ニッセイ基礎研究所　基礎研究レポート

に資金が集まる仕組みをつくり、企業競争力の底上げにつなげる」ことにある。

2021年に発足した岸田文雄内閣の「成長と分配の好循環」を柱にした「新しい資本主義」が、さらに人的資本を加速させた。「成長戦略」と「分配戦略」のうち、後者においては、

①所得の向上につながる「賃上げ」

②「人への投資」の抜本強化

③未来を担う次世代の「中間層の維持」

の3つの政策が掲げられた。

モノからコトへと進む時代、付加価値の源泉は、創意工夫や新しいアイデアを生み出す「人的資本」であるとし、官民の人への投資を早期に、少なくとも倍増し、さらにその上を目指していくことで、企業の持続的価値創造と賃上げを両立させていくことを表明した。しかし、「人」への投資額が3年間で4,000億円規模という数字には、やはり力強さが欠ける。

潜在成長率を欧米並みの1％台半ばに引き上げるには、官民の人への投資額を3.9兆円まで増やす必要があるとの試算もある。

海外は先をいっている。デンマークは職業訓練の内容を労使が協議し、ニーズに合うスキルアップを支援する。手厚い失業給付とセットの雇用政策はフレキシキュリティーと呼ばれ、欧州各国に広がる。スウェーデンは1974年に就学休暇と仕事復帰の権利を保障する教育休暇法を制定。就労後の学び直しを国全体で後押しする土壌がある。米国では従業員教育を含む人的資本の開示が進んでおり、企業の投資を促す圧力にもなっている[31]。

経済産業省だけでなく、岸田首相のもと内閣官房も動きを加速する。2022年8月に「人的資本可視化の指針案」を公表した。詳細は第3章、第4章で触れるが、人的資本を含む非財務情報の開示に投資家の関心が高まるなか、開示項目や方法については、GRI（グローバル・レポーティング・イニシアティブ）[32]、ISO（国際標準化機構）[33]、SASB（サステナビリティ会計基準審議会）[34]、SEC（米国証券取引委員会）[35]、WEF（世界経済フォーラム）[36]などさまざまな基準や指針が乱立

31） 『日本経済新聞』2022年6月7日付朝刊より一部抜粋

32） GRI（Global Reporting Initiative）

33） ISO（International Organization for Standardization：国際標準化機構）

34） SASB（Sustainability Accounting Standards Board：サステナビリティ会計基準審議会）

している。

　政府の指針案はこれらを整理して、人的資本に関して日本企業として開示が望ましい項目案を具体例を挙げながら提示した。しかし、企業は必ずしもすべてを開示する必要はない。

　まだ歩みはじめたばかりではあるが、政官あげてここまで大規模な人材投資に取り組むことは過去になく、失われた30年からようやく脱しようとしている。

10. 「三方良し」が世界に影響を与えた

　人材投資への取り組みと同時に求められるのが、人的資本に対する情報の開示である。ではなぜ、人的資本の開示が求められているのか。その背景にはESG投資への強い関心の高まりがある。2006年、当時の国連事務総長コフィー・アナン氏が各国の金融業界に向けてESGを投資プロセスに組み入れる「責任投資原則（PRI）[37]」を提唱したことで、広く認知された。企業が長期的に継続して成長するために、「二酸化炭素（CO_2）の排出量の削減」「ダイバーシティの推進」「積極的な情報開示」など、ESGに取り組む必要があると訴えた。

　国内では「伊藤レポート」による提言の後、年金積立金管理運用独立法人としては世界最大規模で、有数の機関投資家であり、資産運用会社に大きな影響を与える日本のGPIF（年金積立金管理運用独立法人）[38]が、2015年に「ESG投資を考慮すべし」とレポートに署名したことから、日本でもESGが着目されるようになった。海外では、ESGとSDGsはまったく別モノという扱いをされているが、日本では社会−企業−個人の「三方良し」の精神が江戸時代から根づいているためか、両者が表裏一体であると暗黙に理解されてきた（図表1-11）。

　そのことが、実は「ESGとSDGsは一体である」という考え方を海外に認識させることになった。近年ではグローバル企業が日本にならって、毎年の統合報告書に自社の事業ポートフォリオとSDGsが掲げる17の目標とのつながりを明示する方向にある。

35）　SEC（Securities and Exchange Commission：米国証券取引委員会）
36）　WEF（World Economic Forum：世界経済フォーラム）
37）　PRI（Principles for Responsible Investment：責任投資原則）
38）　GPIF（Government Pension Investment Fund：年金積立金管理運用独立行政法人）

従業員の属性・価値観の多様化

□ ダイバーシティ推進
□ 女性・シニア活躍推進
□ 外国人雇用

「企業が導き、個人が従う」
▼
「個人が選び、企業が成長を支援する」

企業経営における「社会的意義」が競争的資源へ

□ 終身雇用制の崩壊
□ 副業解禁
□ 人口減少社会

三方良し
「組織」
「個人」
「社会」

□ ESG投資
□ SDGsに対応する取り組み

出所：「はたらく人の幸せに関する実証研究」パーソル総合研究所×前野隆司研究室を一部改編

　自社の存在意義を問い直し、実現に向けて人的資本を活かした独自の企業経営、戦略人事を達成する姿を、世界の投資家や消費者、取引先や関連業者、従業員は見つめている。

　日本は「三方良し」の精神を宿す国民性ゆえに、HCMやESG、SDGsは馴染みやすい風土がある。その地の利を活かせば、かつて人本主義企業として世界から評価されたように、日本は人的資本経営において世界をリードできる潜在力を秘めている。三方良しこそ、日本特有の価値観であり、ようやく本来の日本の持ち味が発揮される、新たな時代に入ってきたのかもしれない。

11. 外圧による人的資本情報の開示が迫る

　ESG投資では、企業の財務指標だけではなく、「環境への配慮や社会と良好な関係を築けているか」「企業の統制がきちんととれているか」といった非財務指標も加味して投資を行うため、Social（社会）に含まれる企業の人的資本について、開示が求められる。

　2018年にISOが、人的資本の情報開示に特化した初の国際規格「ISO 30414」を発表。米国では2020年に、SECが上場企業に対し「人的資本の情報開示」の義務化を発表するなど、世界では情報開示の要請が進みつつある。

日本国内においても、2021年6月に東京証券取引所がコーポレートガバナンス・コードを変更し、「人的資本に関する記載」が盛り込まれた。また、経済産業省では人的資本に関する研究会を開催し、その報告書として通称「人材版伊藤レポート」を2020年9月に公表。2022年5月には、さらに実践に向けた具体的事例などを明示した「人材版伊藤レポート2.0」を公表したことで、国内企業の関心がさらに高まった。

　2022年8月には内閣官房より、「リーダーシップ」や「育成」「エンゲージメント」「サクセッション」や「精神的健康」など、開示が望ましい19の項目と、それを評価する4つの投資視点（価値向上、リスク管理、独自性、比較可能性）が公表され、企業に人的資本情報の「見える化」を促した。また、金融庁でも2023年度までに、育児休業の取得率や男女間の賃金差、女性管理職の比率など人的資本に関する一部の情報を有価証券報告書に記載することを義務づける方針を打ち出した。

本章のポイント

- ◉人本主義企業を誇った日本は、人的資本経営の先駆者だった
- ◉本格的な人的資本経営は1990年代に海外が先行していた
- ◉日本は欧米から周回遅れの現在地
- ◉OJT依存の育成が時代に合わなくなった
- ◉日本企業の人材投資額はGDP比で米国の60分の1
- ◉HRマネジメントの現在地は第5フェーズにある
- ◉魔法の数字ROE8％超えが、企業価値創造の分水嶺
- ◉「三方良し」で世界をリードできる潜在力を秘めている

第2章 フレームワークの正しい理解

　新たな取り組みが出現すると、それに対するさまざまな枠組みが提示されることはよくあることである。しかし、その枠組みの正しい理解なくして真の目的にかなった運用をすることは難しい。本章では、人的資本に関連する今日的なフレームワークや取り決めに関する理解を深めることで、確かな実践へとつながる学びの場として位置づけたい。

1. SDGs、ESG、CSR、HCMは何が違うのか

すべてはSDGsに向かい、HCMはESGにおけるSに含まれる

　本書でも頻繁に登場する英語三文字略語で表記される概念は、包括的かつ抽象的ゆえにその意味合いが曖昧で混同しやすい。そこで、類似した概念であるSDGs、ESG、CSR、HCMの位置づけを整理しておきたい（図表2-1）。人的資本経営が本格化していくうえで、本来の目的から逸脱したり形骸化したりしないためにも、それぞれの目的と違いを知ることは重要である。

　まずSDGsは、他のESG、CSR、HCMが目指す人類すべてのステークホルダーを包括するグローバル・アジェンダである。ESGとCSRは同類に見られるが、ESGは企業の本業ビジネスを通じて環境・社会課題の解決を図るのに対して、CSRは利益の一部を使って解決する。そしてHCMは、ESGにおけるS（Social）に内包する非財務的指標となる。

- SDGsは人類すべてのステークホルダーを包括するグローバル・アジェンダ
- ESGは企業の本業ビジネスを通じて環境・社会課題を解決

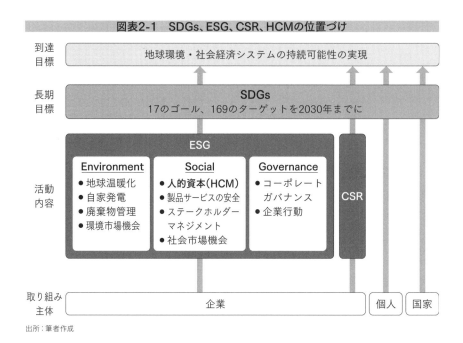

図表2-1　SDGs、ESG、CSR、HCMの位置づけ

| 到達目標 | 地球環境・社会経済システムの持続可能性の実現 |

長期目標
SDGs
17のゴール、169のターゲットを2030年までに

活動内容

ESG

Environment	Social	Governance	CSR
●地球温暖化 ●自家発電 ●廃棄物管理 ●環境市場機会	●人的資本(HCM) ●製品サービスの安全 ●ステークホルダーマネジメント ●社会市場機会	●コーポレートガバナンス ●企業行動	

| 取り組み主体 | 企業 | 個人 | 国家 |

出所：筆者作成

- CSRは企業の利益の一部を使って環境・社会課題を解決
- HCMはESGにおけるS（Social）に内包する非財務的指標

　このような概念整理が体系化されないまま、ESGをこれまで取り組んできたCSRの延長線上で考えていたり、ESGとHCMを別モノ扱いして矮小化したりすると本質を見誤り、本来の実現したいゴールにたどり着くことが困難になる。

　SDGsはそれ以前のMDGs[39]を引き継ぐ形で2015年に国連で採択された開発目標で、貧困にあえぐ途上国を対象としたMDGsと異なり、「誰ひとり取り残さない」を掲げて17の目標と169のターゲットで示されていることは、全世界に知れ渡っている。

　ESGという単語は2004年に国連環境計画・金融イニシアティブが初めて取り扱い、以後に6つの責任投資原則が発表された。しかし後にリーマン・ショック

---

39)　MDGs（Millennium Development Goals：ミレニアム開発目標）

が転機となって、2011年に米国のウォール街を中心にそれまでの過剰なマネーゲームに嫌気し、環境や社会課題を解決することで経済の基盤となる社会を安定させることに強い関心が向かっていった。米国やドイツ、フランスの動きに反して、日本はリーマン・ショックの影響を受けたものの、そこまでマネーゲームに浸っていたわけでもなく、一方でCSRには熱心であったため、ESGに対しては海外ほど傾倒することはなかった。

しかしCSRとESGは別モノであり、だからこそHCMはその成り立ちの違いを意識しないと、CSRの延長線上と捉えられ、海外との差がますます広がっていくリスクとなる。

ESGが本業のビジネスを通じて環境・社会課題を解決していく世界観であるのに対して、CSRは利益の一部を使って環境・社会課題を解決しようとするもので、企業がCSR活動に熱心に取り組むほど株主の利益を毀損することを意味している。

CSRでは「経済的責任」と「社会的責任」が別に扱われがちで、むしろ対立軸にもなっている。ともすればCSRは、本業における経済的な成功に対する「贖罪」としての社会的貢献というメンタリティさえある。

このような認識が、投資家はESGの観点で企業から話を聞きたいのに、企業側のCSR担当が寄付活動や公園に花を植えたりしている活動の話を持ち出して、双方ですれ違ったままの空虚な関係になってしまう。そもそも経営者の多くが、この違いを理解していない可能性がある。

2. 国際統合報告フレームワーク

価値創造ストーリーとオクトパスモデル

人的資本に関連するフレームワークとして外せないのが、IIRCの「国際統合報告フレームワーク」であろう。指導原則や、開示すべき情報の内容をまとめて発行したこの統合報告書は、企業とステークホルダーをつなぐ対話のツールである。このツールによって、双方が企業の価値創造ストーリーを共有することができるとする。

世界では、70カ国で2,500社以上が2021年の段階で統合報告書を発行している。日本の統合報告書発行企業は、上場企業を中心に579社あり、その数は年々

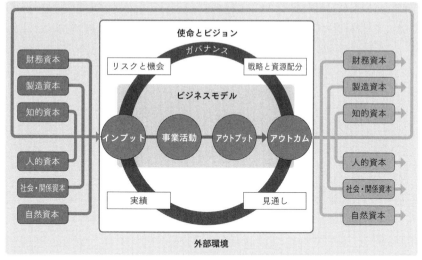

出所：国際統合報告評議会（IIRC）

増え続けている。

　ちなみに統合報告書の国際比較における日本の評価を分析した調査[40]によると、ブラジル、フランス、ドイツ、イタリア、日本、オランダ、南アフリカ、韓国、英国、米国の10カ国中、日本の総合順位は7番目である。日本は統合報告書の「量」は増えているが、企業価値評価との関連性に値する「質」については、未知数だ。国際統合報告フレームワークは、資本を結ぶ線がタコ足のように見えることから、通称「オクトパスモデル」（図表2-2）とも呼ばれている。

　このフレームワークには、過去・現在・未来の組織の業績に深く関わる財務・非財務の「資本」が、組織のなかでどのように利用され、事業活動を通じてこれらの「資本」にどのような影響を与えているのかといった点を明らかにし、組織が価値を創造するプロセスや仕組みを「見える化」することへの意思が込められている。

　このフレームワークには2つの論点がある。一つは、組織固有の価値創造の在

40）　Robert G. Eccles, *A Comparative Analysis of Integrated Reporting in Ten Countries*, 2019

り方を検討するための概念として、「財務資本、製造資本、知的資本、人的資本、社会・関係資本、自然資本」という6つの資本を提示した点。この「6つの資本」は、企業活動を価値創造プロセスとして位置づけ、さまざまな価値の集積を「資本」として表現する枠組みとなっている。

もう一つが、統合報告のプロセスが、組織内部の縦割りを取り除く「統合思考」「統合的意思決定」のつながりを重視している点。これはESGの潮流において、企業経営が「価値創造ストーリー」を描くことの重要性に起因しているからであろう。

価値創造ストーリーとは、「今後の事業機会や、将来さらされるリスクへの認識や対応を踏まえ、投資家をはじめとするステークホルダーに対して自社の持続的成長を説得するためのロジック／ストーリー」を指している。

指導原則と内容要素

この統合報告書は原則主義にもとづいており、報告書の全体に関する包括的な留意点とも言うべき「指導原則」と、開示すべき情報の要素を示す「内容要素」が定められている。ただし、これらは細かな開示基準、項目を示しているのではなく、あくまで報告書の大枠を示すものであって、具体的な開示内容や表示の方法は、各企業が自社固有の状況に即して判断し、決定することが求められている。

「指導原則」には7つ、「内容要素」には8つ定められている（図表2-3）。指導原則で示された考え方を踏まえて、内容要素を統合報告書に記載することが求められている。

ポイントをわかりやすく解説している大和総研のレポート[41]より、編集を加えながら以下に引用する。

「指導原則」の（B）の「情報の結合性」では、統合報告書内の内容要素同士が「組み合わせ」ていて、相互につながりを持たせることが重要である。例えば、外部環境が変化した場合に事業戦略が「どのように関連して修正されているか」という情報を示すことが求められるであろう。空間軸だけでなく、「過去から現在」の活動が「現在から将来」にどう影響し得るかを分析する時間軸も重要とな

41） 大和総研「国際統合報告フレームの概要・改訂案」2020年9月9日

図表2-3　指導原則と内容要素

	指導原則		内容要素
A	戦略的焦点と将来志向	A	組織概要と外部環境
B	情報の結合性	B	ガバナンス
C	ステークホルダーとの関係性	C	ビジネスモデル
D	重要性	D	リスクと機会
E	簡潔性	E	戦略と資源配分
F	信頼性と完全性	F	実績
G	首尾一貫性と比較可能性	G	見通し
		H	作成と表示の基礎

出所：国際統合報告評議会（IIRC）

ってくる。

　そして、開示情報間の組み合わせであり、企業が開示している統合報告書と、それ以外の開示情報（財務報告、サステナビリティ報告書、中期経営計画など）とに一貫性があるかを検証することも大事である。こうした情報の結合性を念頭に置いた統合報告書の作成が求められている。

　また、（D）の「重要性」では、価値創造に重要な情報の開示を求めることと同時に、重要性を決定するプロセスの在り方についても言及している。この重要性決定プロセスにおいては、統合報告書においてどこが報告範囲に含まれるかということも考える必要がある。財務報告では、子会社、共同支配会社、関連会社などが範囲に含まれるが、統合報告書ではさらに広い、ステークホルダー（従業員、顧客、サプライヤー、地域社会など）に起因・関連するリスク・機会、アウトカムも報告の範囲に含まれる。この報告範囲を念頭に置いて、重要性の決定プロセスを実施することが求められる。

「内容要素」に関しては、指導原則を踏まえたうえで、統合報告書に8つの内容要素を含むことが求められている。ただし、これらの要素は相互に関係しているものであり、順序立てて単独のセクションとしてそれぞれ記載することが求められているわけではないことには注意が必要である。

　このうち、（C）ビジネスモデルでは、インプットを事業活動によってアウトプット、アウトカムに変換するシステムについての記載が求められている。

インプットについては、網羅的な記載ではなく、短・中・長期の価値創造能力に重要な影響を与えるインプットに焦点を当てた開示が求められている。例えば事業活動には、市場における差別化戦略、販売開始後の収益に対するビジネスモデルの依存度、イノベーションの必要性に対する企業の取り組み、変化への対応のためのビジネスモデルの構造といったことが該当する。

アウトプットとしては、企業の主要な製品とサービスを特定することに加えて、重要性に応じて副産物や廃棄物などのアウトプットについても議論が必要となり得る。

アウトカムには、内部的なアウトカム（従業員のモラル、キャッシュフローなど）、外部的なアウトカム（顧客満足度、社会・環境的影響など）と、正のアウトカム、負のアウトカムが含まれる。アウトカムの識別の際には、企業に属する資本だけでなく、より広い範囲（例えばバリューチェーンの上流・下流など）の資本を検討することが求められる。

ここまでを総括すると、企業にとっての外部環境を踏まえたリスク・機会の認識、それに対応するための戦略・資源配分、その結果としての実績と今後の見通しまでつながる「経営者の目線」からの、「将来を見据えた時間軸での価値創造に至るプロセスの開示」が求められていると言えるだろう。そのうえでステークホルダーのニーズを正確に把握して事業活動などに落とし込むための対話を行って、長期目線での価値創造について情報を投資家に提供するべきであろう。

国際統合報告フレームワークの改訂

国際統合報告フレームワークが2013年に公表されて以降、IIRC は統合報告の企業における実情をヒアリング・モニタリングし、改訂に関わるテーマを公表したうえでコメント募集を行った。その結果、Clarity（フレームワークをより明確にするための改訂）、Simplicity（フレームワークをよりシンプルにするための改訂）、Quality（報告書の質を高めるための改訂）の３点を考慮したうえで主に次の２点を改訂した（図表2-4、2-5）。

1. ビジネスモデルに関わる検討事項（アウトプットとアウトカムの違いの明確化）
2. 統合報告書に対する責任（ガバナンス責任者の責任表明の必要性）

1に関しては、もともとアウトプットとアウトカムの定義に混乱が生じていたため、整理した。ブランドや顧客満足度向上は社会・関係資本の増加となるポジティブなアウトカム。一方で、環境問題への懸念を伴う社会・関係資本の減少、大気汚染などによる自然資本の減少を、ネガティブなアウトカムとした。アウトカムの有するプラスとマイナス両面への気づきを狙ったものとなった。

　また、「企業の事業活動が、資本の変動や価値創造に即座に影響を与える場合がある」と結論づけたIIRCは、アウトカムの定義を補足するとともに、価値創造プロセスを示した「オクトパスモデル」図にも、若干の変更を加えた。

　改訂前の価値創造プロセスの考え方は、投入した資本をもとに組織が事業活動を行った結果、アウトプットが産出され、それが資本の増減や、価値の創造・維持・破損というアウトカムにつながるというものだった。しかし、事業活動のなかで、極めて短期間のうちに資本や価値の増減をもたらす可能性を想定し、直接アウトカムに結びつく場合と、アウトプットを経由してアウトカムに結びつく場合の双方を図示したオクトパスモデルに変更している。

　2では、国や地域、企業によってガバナンスの制度や体制が異なることから、フレームワークで定義されている「ガバナンス責任者」が、企業の実態に即して識別できない難しさを指摘する声が多く寄せられていた。そこで、取締役に加え執行役もガバナンス責任者とできる旨が、「ガバナンス責任者」についての定義に追記された。

　このフレームワークは、統合報告書の多くに記載される例が増え、そのまま自社にあてはめて使用している企業も目立ちはじめている。しかし本当にこのフレ

図表2-4　国際統合報告フレームワークの改訂前後

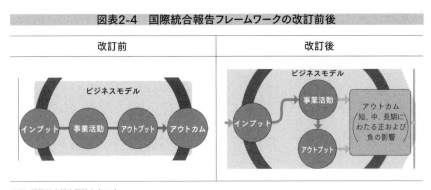

出所：国際統合報告評議会（IIRC）

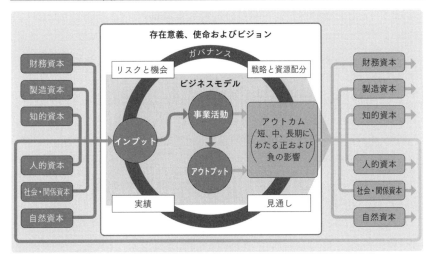

図表2-5　国際統合報告フレームワーク（改訂版）

存在意義、使命およびビジョン

ガバナンス

リスクと機会　　　　戦略と資源配分

ビジネスモデル

事業活動

アウトカム
短、中、長期に
わたる正および
負の影響

インプット

アウトプット

実績　　　　　　　見通し

財務資本　製造資本　知的資本　人的資本　社会・関係資本　自然資本

長期にわたる価値の創造、保全または毀損

出所：国際統合報告評議会（IIRC）

ームワークが自社の伝えたいことを表現できているものなのかどうかは、吟味した方がいいだろう。実際に統合報告書を作成している人たちには、わかりにくくて使い勝手が悪いという感想があるとも聞く。

3. 国内の価値創造フレームワーク

価値協創ガイダンス

「価値協創ガイダンス」とは、2017年5月に 経済産業省より発表されたフレームワークで、正式な名称は、「価値協創のための統合的開示・対話ガイダンス」（ESG・非財務情報と無形資産投資）である。政府がすでに打ち出していた成長戦略「日本再興戦略 2016」において、コーポレートガバナンス改革の一環として設定されたものである（図表2-6）。価値創造ストーリーで世界標準となる国際統合報告フレームワーク（オクトパスモデル）と比べると、投資家との対話を前提にしたプロセス図といった立て付けである。

「持続的な企業価値を生み出す企業経営・投資の在り方やそれを評価する方法に

図表2-6　価値協創ガイダンス

価値観	長期戦略
	長期ビジョン ／ ビジネスモデル ／ リスクと機会

社会の長期的なサステナビリティを展望し、企業のサステナビリティと同期化

1.1. 価値観を定める意義	2-1.1. 社会への長期的な価値提供の目指す姿	2-2.1. 市場勢力図における位置づけ	2-3.1. 気候変動等のESGに関するリスクと機会の認識
1.2. 社会への長期的な価値提供に向けた重要課題・マテリアリティの特定		2-2.1.1. 付加価値連鎖（バリューチェーン）における位置づけ	2-3.2. 主要なステークホルダーとの関係性の維持
		2-2.1.2. 差別化要素およびその持続性	2-3.3. 事業環境の変化への対応
		2-2.2. 競争優位を確保するために不可欠な要素	2-3.3.1. 技術変化の早さとその影響
		2-2.2.1. 競争優位の源泉となる経営資源・知的財産を含む無形資産	2-3.3.2. カントリーリスク
		2-2.2.2. 競争優位を支えるステークホルダーとの関係	2-3.3.3. クロスボーダーリスク
		2-2.2.3. 収益構造・牽引要素（ドライバー）	

実質的な対話・

取締役会と経営陣の役割分担とコミットメントのもと、投資家との対話・

6.1.対話等の原則	6.2.対話等の内容

出所：経済産業省

実行戦略 （中期経営戦略など）	成果と重要な 成果指標（KPI）	ガバナンス

3.1. ESGやグローバルな社会課題（SDGs等）の戦略への組み込み

3.2. 経営資源・資本配分（キャピタル・アロケーション）戦略

3.3. 事業売却・撤退戦略を含む事業ポートフォリオマネジメント戦略

3.4. バリューチェーンにおける影響力強化、事業ポジションの改善、DX推進

3.5. イノベーション実現のための組織的なプロセスと支援体制の確立・推進

3.6. 人的資本への投資・人材戦略

3.7. 知的財産を含む無形資産等の確保・強化に向けた投資戦略

3.7.1. 技術（知的資本）への投資

3.7.1.1. 研究開発投資

3.7.1.2. IT・ソフトウェア投資／DX推進のための投資

3.7.2. ブランド・顧客基盤構築

3.7.3. 企業内外の組織づくり

3.7.4. 成長加速の時間を短縮する方策

4.1. 財務パフォーマンス

4.1.1. 財政状態および経営成績の分析（MD&A等）

4.1.2. 経済的価値・株主価値の創出状況

4.2. 企業価値創造と独自KPIの接続による価値創造設計

4.3. 戦略の進捗を示す独自KPIの設定（社会に提供する価値に関するKPIを含む）

4.4. 資本コストに対する認識

4.5. 企業価値創造の達成度評価

5.1. 取締役会と経営陣の役割・機能分担

5.2. 経営課題解決にふさわしい取締役会の持続性

5.3. 社長、経営陣のスキルおよび多様性

5.4. 社外役員のスキルおよび多様性

5.5. 戦略的意思決定の監督・評価

5.6. 利益分配および再投資の方針

5.7. 役員報酬制度の設計と結果

5.8. 取締役会の実効性評価のプロセスと経営課題

エンゲージメント

エンゲージメントを深め、価値創造ストーリーを磨き上げる

6.3.対話等の手法	6.4.対話等の後のアクション

ついて、長期的な経営戦略に基づき、人的資本、知的資本、製造資本などへの投資の最適化を促すガバナンスの仕組みや経営者の投資判断と投資家の評価の在り方、情報提供の在り方について検討を進め、投資の最適化などを促す政策対応」を検討するなかで議論されてきたものだ。

このフレームワークには、企業経営者や投資家への手引書的な意味合いが込められており、企業と投資家が情報開示や対話を通じてお互いの理解を深めるために、共通言語、共通の思考の枠組みとして捉えておくとよいであろう。

ちなみに、第3章で述べる2022年の8月に発表された、内閣官房の非財務情報可視化研究会による「人的資本可視化指針」にも登場し、非財務情報の開示に際して自社の経営戦略と人的資本への投資や人材戦略の関係性を、統合的なストーリーで構築するために「IIRCフレームワーク」とともに、この「価値協創ガイダンス」を活用することを勧めている。

言ってみれば、価値創造プロセスを示したIIRCの「オクトパスモデル」図の日本版である。伊藤レポートとの整合性をとるためには、日本版を作成しておく必要があったのだろう。

4.「人材版伊藤レポート2.0」を読み解く

経済産業省は、2020年1月に「持続的な企業価値の向上と人的資本に関する研究会」を立ち上げて、同年9月に「人材版伊藤レポート」を公表した。

その後、「持続的な企業価値の向上に向けて、経営戦略と連動した人材戦略をどう実践するか」という点をさらに掘り下げるための「人的資本経営の実現に向けた検討会」を2021年7月に設置し、議論を重ねていった。その検討会の報告書は、「人材版伊藤レポート2.0」として2022年5月に公表された。同時に「実践事例集」と「人的資本経営に関する調査集計結果」も公表された。

経済産業省によれば、報告書は「人的資本」の重要性を認識するとともに、人的資本経営という変革を、どう具体化し、実践に移していくかを主眼とし、それに有用となるアイデアを提示する。

ただし、すべての項目にチェックリスト的に取り組むことを求めるものではなく、事業内容や置かれた環境によって有効な打ち手は異なることを前提に、報告書をアイデアの引き出しとし、経営陣が人的資本経営へと向かう変革を主導して

いくことを期待すると示した。

　つまり3つの視点、5つの共通要素のなかでどれが一番重要かといった議論は不毛で、各社が優先度を自ら決めることが重要だと指摘している。

「人的資本経営の実現に向けた検討会」の参加者であり、ダイバーシティ研究の第一人者でもある早稲田大学商学学術院の谷口真美教授も同様の指摘をする。「検討会の中で参加する皆さんが一致していた意見は、『これだけやればいい、これだけが重要だという表現はしない』ということでした。まさに企業を骨抜きにしてしまうからです。各企業の歴史、特性、レベルなど置かれた状況に応じて、『自分たちで選んでもらうこと』が重要だと考えたのです。『伊藤レポート2.0』は知恵がほしいときのための『手引き書』です」

　本章ではこの「人材版伊藤レポート2.0」を取り上げるが、その目的は次のもう一つの点にある。この手引書の真意を、企業の最前線で組織を動かすリーダーにこそ理解してもらい、人的資本を現場で意味づけして実践してほしいためである。レポートが経営層と人事部門の読み物で終わってしまっては、教条的な机上の空論に成り下がってしまう。

　実際に、筆者は大学院の授業で「経営戦略と人材戦略を連動させる」ことを意図したケーススタディを扱っているが、学生（多くは社会人で、企業の人事部、コンサルティングファーム関連に所属）は総論でその連動性を強く意識した解決策を示すが、それはあくまでも経営者や人事部の立場に立った見解にすぎず、次に現場のマネジャーの立場に立って考えてもらうと、途端に連動させることから意識が離れ、目前の利益獲得の解決策に思考が集中している場面を見ている。

　人的資本経営の成果は、最終的に現場の実践に委ねられる。マネジメント手法すべてに通じることであるが、理論やフレームワーク、手引書は現場で実践して有用なものだけが生き残っているのが、自然淘汰の法則である。

　人的資本に取り組む意義や人材戦略、これに連動する経営戦略やその前提となる自社の目指す姿（パーパス、ビジョン）、そしてその根幹にある価値観を含めて、働く人々の「共感」を深めることは、戦略の実効的な推進の観点からも重要かつ有効なのである。

　そのような認識を前提に、ここから先は、「人材版伊藤レポート」の最重要フレームワークである「人材戦略に求められる3つの視点」（図表2-7）に焦点を絞って内容を読み解き、実践に向けた論点を提示していきたい。

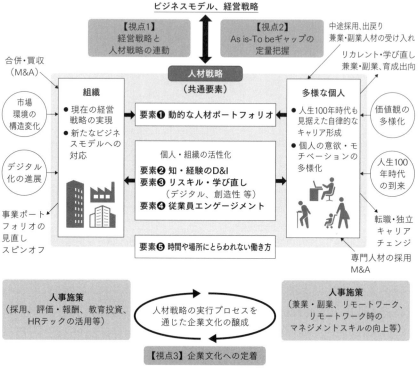

図表2-7　人材戦略に求められる3つの視点・5つの共通要素

ビジネスモデル、経営戦略

【視点1】
経営戦略と
人材戦略の連動

【視点2】
As is-To beギャップの
定量把握

中途採用、出戻り
兼業・副業人材の受け入れ

リカレント・学び直し
兼業・副業、育成出向

人材戦略
（共通要素）

合併・買収
（M&A）

市場
環境の
構造変化

デジタル
化の進展

事業ポート
フォリオの
見直し
スピンオフ

組織

● 現在の経営
戦略の実現
● 新たなビジネ
スモデルへの
対応

要素❶ 動的な人材ポートフォリオ

個人・組織の活性化
要素❷ 知・経験のD&I
要素❸ リスキル・学び直し
（デジタル、創造性 等）
要素❹ 従業員エンゲージメント

要素❺ 時間や場所にとらわれない働き方

多様な個人

● 人生100年時代も
見据えた自律的な
キャリア形成
● 個人の意欲・モ
チベーションの
多様化

価値観の
多様化

人生100
年時代
の到来

転職・独立
キャリア
チェンジ

専門人材の採用
M&A

人事施策
（採用、評価・報酬、教育投資、
HRテックの活用等）

人材戦略の実行プロセスを
通じた企業文化の醸成

人事施策
（兼業・副業、リモートワーク、
リモートワーク時の
マネジメントスキルの向上等）

【視点3】企業文化への定着

出所：経済産業省「人的資本経営の実現に向けた検討会」から一部改編

　まず、全体的な印象としては、構造化されていて施策の相互関係や位置づけが明瞭になっているため、何を伝えたいかという伝達効率が優れている。これは本書の第Ⅱ部にも登場いただく浜田敬子氏など、先の研究会や検討会に招聘されて参加された、日本を代表する企業の人事トップ、投資家、シンクタンクやコンサルタント、ジャーナリストといった有識者らの関与が大きく貢献したと、参加された関係者から聞いている。

視点❶ 「経営戦略と人材戦略の連動」

　3つの視点の1つ目、人材版伊藤レポートの1丁目1番地と言える「経営戦略と人材戦略の連動」に関して見ていきたい。これこそ企業経営のなかで最重要項目であるが、「言うは易く行うは難し」でもあるため、この視点1は本節で取り

扱うウェイトを少し上げておきたい。

実現率は59.2%

パーソル総合研究所が2022年に実施した「人的資本情報開示に関する実態調査」（図表2-8）によれば、「経営戦略と連動する人材戦略が策定できている」と回答した割合は、全体のなかで59.2%であった。この数を多いと見るか少ないかと見るか、やや微妙ではあるが、少なくとも半数近くが経営戦略と人材戦略が連動していないと捉えているということなので、最重要項目としては物足りないと考えた方がいい。

この両者の連動に関する一例として、メガバンクが大規模な人員削減を表明した場合、社員の士気低下や離職につながる要因となる。代表的な格付け機関である米MSCI（モルガン・スタンレー・キャピタル・インターナショナル）[42] による

図表2-8　経営戦略と連動する人材戦略の策定

対象：上場企業の役員層・人事部長　　　　　　*とてもあてはまる＋あてはまるの回答割合
n＝157

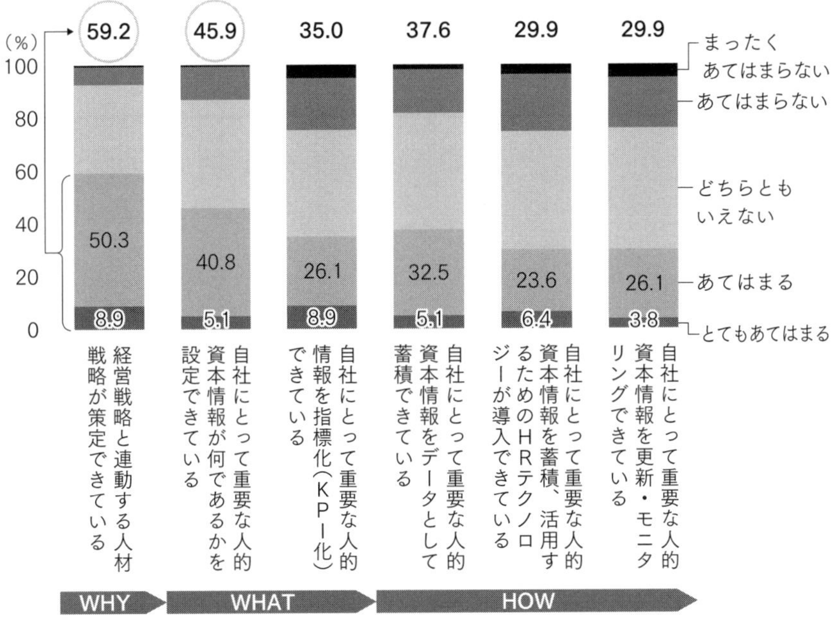

出所：パーソル総合研究所「人的資本情報開示に関する実態調査」2022年

と、業務自動化に向けた AI（人工知能）人材の確保など、リストラ後の人材戦略が見えにくいと ESG 格付けスコアが伸びないという。リストラも組織に大きな影響を与える経営戦略である。経営戦略と人材戦略はセットになって初めて、投資対象として信頼されていくものである。

キーパーソンによる見立て

　人材版伊藤レポートを提出した「人的資本経営の実現に向けた検討会」を主導した、経済産業省経済産業政策局の島津裕紀氏は、「HR Transformation Summit 2022」の基調講演で次のように説明している。

　人材版伊藤レポート 2.0 に関して、「結局、何が一番重要なのか、何から手をつけていいのか、わからない場合は、まずは経営戦略と人材戦略を連動させるための取り組みから始めてください」と強調する。加えて、「経営戦略と人材戦略の連動は双方向性であることが大事だ」と言及している。例えば、「事業領域を転換する」「新しい事業に進出する」といった経営戦略を立案するのであれば、それに伴って「どのような人材戦略が必要になるのか?」というポイントも重要で、それが双方向の視点で捉えられていることが重要であると説く。

　座長である伊藤邦雄氏は、企業の人事部門に対して危機感を抱く。自社の経営戦略を深く理解していなくても「人事をやれている感」を持っていないか。そうだとすると、当然ながら経営戦略と人材戦略の連動度合いは低いはず。連動度合いを高めるためには、人事部門が自社の経営戦略を深く理解していることが大前提である。

　そのうえで「いかに経営戦略を実現するのか?」を考えれば、基本は人が実践するので、必然的に「どのような人材をどのように配置するのか?」「どのように人材を育成し、どのようなスキルを習得させるべきか?」といった議論になるはずだ。人事部門のなかで議論することも大事だし、経営戦略部門や財務部門との議論を活発にしていく必要もある。あるいは、サステナビリティ部門と議論することも重要だと強調する。

　いずれにしても、環境変化が激しい昨今、経営者は事業戦略を柔軟に変化させ

42）　MSCI（Morgan Stanley Capital International：モルガン・スタンレー・キャピタル・インターナショナル）

ている。しかし、人材戦略がそれに追いついていない現実がある。短期で変わる事業戦略に振り回されない長期の人材戦略の策定こそが、人的資本経営の要諦ではないだろうか。

実践企業からの示唆

その他、経営戦略と人材戦略の連動に関しては、第Ⅱ部の、「人的資本経営の実現に向けた検討会」の参加者を対象に実施したインタビューからも聞こえてくる。

「経営戦略を形あるものに」と語るのは、SOMPOホールディングスのグループCHRO執行役専務の原伸一氏である。パーパスや中期経営計画、バリュー・ミッションが本当に明確になっている企業は少ないと指摘する。経営戦略を形あるものにしなければ、人事戦略を立てることはできない。そのためには、経営ボードにCHROの存在が欠かせないという。

KDDI執行役員コーポレート統括本部人事本部長の白岩徹氏も同じ考えを持つ。「KDDIでは、人的資本経営の推進者は『人事部』だと認識しています。人材版伊藤レポート2.0にあるように経営戦略と人事戦略の連動が重要ですから、これからの人事部は『指示されたことをミスなく、そつなくこなす』ような、単なる管理部門であってはなりません。それは人事部の予算の変遷を見ると明らかです。ここ数年は『戦略を設計し実行する予算』の割合が増えています」。

「経営戦略と人事戦略の連動にあたっては、経営戦略をつかさどる経営企画本部との連携がとても重要です。そのため、経営戦略本部長と人事本部長である私は1on1を常に行っています。他にもファイナンス部門、経営管理部門とも連携をしています。いまでは、経営戦略に関わる議論の場には必ず人事部が参加するよう、経営層の認識が変わりました。人事の位置づけは劇的に変わっています。人的資本経営を推進する一歩は人事の在り方を見直すことからかもしれません」と語る。

白岩氏と同じ意味合いで「四位一体が重要」と強調するのは、ボストン コンサルティング グループのマネージング・ディレクター＆パートナーの竹内達也氏である。人的資本経営の担い手である人事、経営企画、財務、事業企画の4つの体制で価値創造ストーリーをつくらないと、経営戦略と人材戦略はつながらない。海外ではこの4つがHRBP（HRビジネスパートナー）[43]とともに密接に連携

しながら、人材ポートフォリオやリスキリングなど包括的な施策を担っているという。

「経営戦略と人事戦略がどのようにつながっていくのかをストーリー化していきたい」と語るのは、双日の常務執行役員人事、総務・IT業務担当本部長の橋本政和氏、人事部部長の岡田勝紀氏の両氏だ。双日は、「日経統合報告書アワード2021」で高く評価されたが、同社の統合報告書は「無形資産や人材育成がどう収益につながったのか」ということをストーリー仕立てで書いたもので、情報開示の一つのヒントにもなったという。事例を増やし、わかりやすいストーリーで伝えることで、共感でつながっていくことが理想であると両氏は説明する。

サイバーエージェント専務執行役員の石田裕子氏は、次のように語る。「経営戦略と人材戦略の連動については、切っても切り離せない関係であり、もともと密接に連動しています。『こういう事業に新たに参入しよう。ではこういう人材が必要になる』『こういう人なら、この事業にあてはまる』という具合に、サイバーエージェントでは基本的に事業と人をセットで考えるようにしています。現在の組織規模になったいまでも経営層が社員のことをよく知っているため、役員会においても人材の話に相当の時間をかけています」。

人事コンサルタントからの助言

数々のクライアント企業にコンサルテーションを行ってきた筆者にとっても、前述の数々の貴重な論点はいずれにも共感し、納得できるものばかりである。それに少し補足をすると、次のことが参考になるだろう。

パーソル総合研究所が2021年に実施した「人事部大研究調査」で明らかになったのは、「経営戦略は明確化されているものの、人材戦略への連動には至っていない」と経営陣が捉えていることと、「動的な人材ポートフォリオについて、関連する取り組みの進捗がすべて遅れている」と認識されていることであった。実はこの2つは大きなつながりがある。人材ポートフォリオには、経営戦略と人材戦略を接続する「連結ピン」という働きがある。

事業を担うのは当然ながらヒトであり、例えば新しい事業を開発して進めてい

---

43)　HRBP（Human Resource Business Partner：HRビジネスパートナー）
経営者や事業責任者のビジネスパートナーとしての視点から、組織の成長を促す部門人事。

く人材は既存の人材像では立ちいかないことが多くある。その事業にはどのような人材が必要で、それに近い人材は自社内のどこにどれだけいるのか、いないなら外部人材市場を視野に今後どういう計画で人材を構成していけばよいのかなど、事業や職務の特性から人材を定義して、その職務に適した人材をポートフォリオ上で適所適材を満たす設計をすることが人材戦略だ。

筆者が担っていたコンサルティング事業部門では、クライアント企業からの相談事項として人材ポートフォリオに関する依頼が2010年後半から少しずつ増えていた。しかしその企業の現状をのぞいてみると、人材ポートフォリオを組み上げるにはほど遠いくらい、人材の類型化が進んでいない。

これは日本の大企業を中心に、ゼネラリストを前提とした採用と育成を主軸にしてきたからだと考えられる。似たり寄ったりの人材で占められていて、競争優位な事業特性と必要な人材特性との需要と供給のアンバランスが社内、あるいは人材市場においても垣間見られる。終身雇用、年功序列といった日本型雇用の負の遺産とも言えるだろう。

経営戦略は明確に描けている企業が比較的多いことから、まずは経営戦略と人材戦略をつなぐ人材ポートフォリオの構築に注力することから始めるべきだろう。

人材ポートフォリオの構築、と言うと、何か小難しいことを考えなければいけないように聞こえるが、簡単に言ってしまえば、我が社のこの事業にはどんなタイプの人が合うのかをイメージすることにすぎない。最終的にはスキルやスペックに落とし込まれていくこととなるが、スタートは「探究する心と学ぶ力がある人」とか「部門を超えた交渉ができる影響力が圧倒的に強い人」「決めたことを着実に実行できる人」など、イメージしやすいところから取りかかるのがポイントである。

現場に活かされてこその人的資本

しかし何よりも大事なことは、経営戦略と人事戦略の連動が経営層や人事部門だけの扱いで終わらないことだ。前述したように、筆者が大学院で教えるケーススタディで、「経営戦略と人事戦略の連動」に関する課題を学生に与えても、頭では連動の重要性は理解していても、その解決策にはいつの間にか連動しない個別対策の案しか出てこない現象に出くわす。人的資本に関する学びの場を、自社

のマネジメント層全体に設けて意識喚起させること、実践させて浸透を図ること、その効果を実感してもらい、日常のなかで無意識に人的資本経営が回っていること。それが結果的に競争優位な企業力の差となって表れる。

筆者が企業インタビューや対談をしていて確信することは、これらができている企業は一定の数で存在していて、そういった企業ほど「人的資本」という語は使っていないことだ。すでに体質として染みついているのだ。

中期経営計画の落とし穴

経営戦略と人材戦略との連動に関して、注意しておきたいことがある。それは、筆者は職務上、将来のCHROを期待される人事パーソンが参加するHRリーダーズ・フォーラムという研修のレビューアーを務めて久しいが、参加者が毎回提示してくる自社の経営戦略や人材戦略が中期経営計画のなかに収まってしまっている点である。

戦略とは本来、中期経営計画の上位に位置するもので、経営計画はその戦略を年次単位で施策に落とし込んだものなので、戦略は経営計画のなかにあるものではない。また、見せ方の問題でもない。

経営計画は戦略を前提にして立てているものだ、という反論もあるかもしれないが、確かに当初は戦略ありきかもしれないが、年度計画を毎年ローリングしていくと、どうしてもリニアな発想になり、ボトムアップ型の積み上げ式、細々とした施策の総花的な羅列に陥ったまま、これまでの延長線を描いている計画が散見される。

変化のサイクルが確実に短期化している現代において、これでは既存の路線から脱却する戦略は描きにくい。実際にフォーラムの参加者に、「自社の人材戦略を自らの考えで示せ」と課題提示しても、中期経営計画の思考の枠から出られずに、戸惑う姿を何度も目にしている。

なぜこれほどまでに中期経営計画が企業に浸透しているかというと、第3章でも述べるが、かつてのメインバンクによるガバナンスが当たり前だった時代は、銀行に融資を受けるための説明的な意味合いもあったため、どうしても手堅い着実な計画を示す必要があった。変化が少ない安定した時代ではそれでも問題はなかったが、変化が激しい時代においては、計画そのものが意味をなさなくなるケースも少なくない。

加えて、間接金融のメガバンクガバナンスから、直接金融の株式市場・株主から資金を調達するエクイティガバナンスへと時代が変わり、ESG投資が盛んに行われ、非財務情報の開示が求められる時代において、もはや中期経営計画はその要件を満たさない可能性を投資家から指摘されていることも、経営者としては一度、吟味して検討しておく必要があるだろう。

双日の「経営戦略と一体となった人材戦略推進のための人材KPI」

　双日は2030年までに「事業や人材を創造し続ける総合商社」としてのビジョンを掲げ、「経営戦略と一体となった人材戦略推進のための人材KPI」を設定しながら、経営戦略と人材戦略の連動を行っている（図表2-9）。

　特に力を入れているのが、「多様性」を活かすために2030年代に女性社員比率50％程度を目指すKPIである。各世代層のパイプライン形成と、経験の蓄積、キャリア意識醸成に継続的に取り組み、将来的に経営の意思決定に関わる女性を増やしていくことを目指す。

　また、海外事業会社を起点に現地ネットワークに入り込み、事業領域の拡大や新規事業の創出につなげるために、外国人材のCxOポストを拡大していく。「挑戦」「成長実感」を定量化し、社員意識調査に「新たな発想の実現に取り組みたい」「自己成長に意欲的である」「双日では挑戦が奨励されている」という項目を設けて、人材戦略の柱である「挑戦を促す」「成長を実感できる」の実現に向けて、現状を定量化し、施策検討に活かしている。

CHROの看板の掛け替えで済まさない

　伊藤レポートでは、経営戦略と人材戦略を連動させる有効な手立てとして、CHROの設置を挙げている。そこで、前述の「人事部大研究調査」の結果を見ると、人事トップの実態が見えてくる。CHROと人事担当役員の設置率は15.4％と62.8％で、CHROの設置数は人事担当役員よりも少ない（図表2-10）。

　あるいは同調査による、「人事部の最高責任者の経営への関与度合いが戦略人事の実現度にどのくらい影響を与えているか」を見ると、人事部の最高責任者の経営関与度が高いほど、経営戦略にもとづいた人事戦略の策定ができて戦略人事が進んでおり、伊藤レポートの提言を裏づけている（図表2-11）。

　ここで予想される疑問として、「CHROはこれまでの人事部長ではダメなの

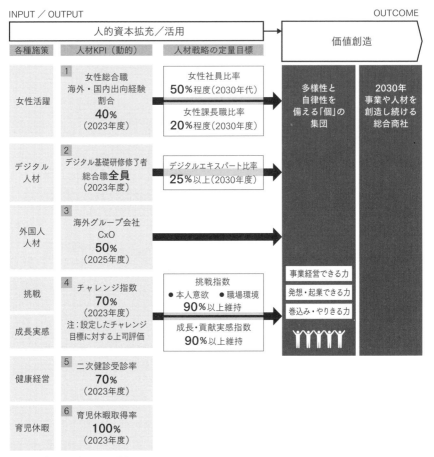

図表2-9　双日の「経営戦略と一体となった人材戦略推進のための人材KPI」

INPUT／OUTPUT

OUTCOME

人的資本拡充／活用

価値創造

各種施策	人材KPI（動的）	人材戦略の定量目標

女性活躍

1　女性総合職
海外・国内出向経験
割合
40%
（2023年度）

女性社員比率
50%程度（2030年代）

女性課長職比率
20%程度（2030年度）

多様性と
自律性を
備える「個」の
集団

2030年
事業や人材を
創造し続ける
総合商社

**デジタル
人材**

2　デジタル基礎研修修了者
総合職**全員**
（2023年度）

デジタルエキスパート比率
25%以上（2030年度）

**外国人
人材**

3　海外グループ会社
CxO
50%
（2025年度）

挑戦

4　チャレンジ指数
70%
（2023年度）
注：設定したチャレンジ
目標に対する上司評価

挑戦指数
●本人意欲　　●職場環境
90%以上維持

事業経営できる力

発想・起業できる力

巻込み・やりきる力

成長実感

成長・貢献実感指数
90%以上維持

健康経営

5　二次健診受診率
70%
（2023年度）

育児休暇

6　育児休暇取得率
100%
（2023年度）

出所：双日「統合報告書2021」より抜粋

か」というものがあるだろう。伊藤レポートの説明では、CHROは「経営陣の一員として人材戦略の策定と実行を担う責任者であり、社員・投資家を含むステークホルダーとの対話を主導する人材」と定義しているので、いまいる自社の人事部長が経営ボードに定期的に参加し、経営戦略策定や実行施策に経営陣の一人として関与しているかどうかの違いにある。

また、これまでの人事部長との大きな相違点は、CHROは「社員や投資家との対話で得られた示唆も人材戦略に反映していくべき」としていることである。

図表2-10　CHROと人事担当役員の設置率

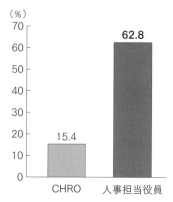

出所：パーソル総合研究所「人事部大研究調査」2021年

図表2-11　人事部の経営関与の戦略人事実現度への影響

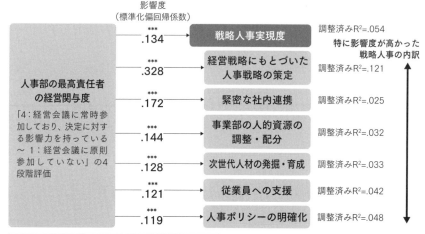

出所：パーソル総合研究所「人事部大研究調査」2021年

特に投資家との対話は、人的資本情報開示の際に求められる新たな役割である。

　前述のKDDIの白岩氏は、「これまで投資家とのコミュニケーションはIR担当役員が担っていたが、これからは人事のトップも果たしていくべきである」と語っている。社内マネジメント力だけではなく、外部とのコミュニケーション力、交渉力が問われることになってくる。

　一方で、Business Insider Japan 前統括編集長の浜田敬子氏は、「CHROを配置する」「取締役会で人事領域の話をする」といった手段の話に終始して看板の掛け替えで済ましていては、人的資本経営は言葉だけで終わる可能性があると指摘する。確かに、仮にこれまでの人事部長をCHROに名称を書き換えても、本来のCHROの職務をまっとうできる人材を配置できなければ、戦略人事は持続しない。人事部門に所属する人材自体の人的資本の強化が急がれる。この点については第6章で詳細に扱う。

アステラス製薬の「HR Vision」を実現する人事への脱皮

　アステラス製薬は自社の役割を、患者さんとそのご家族の健康、医療現場の方々の負担減のために新たな「価値」を提供することであると定め、「価値をつくり出し届けているのは、結局のところ『人』である」との意思のもと、人的資本経営に取り組んでいる。

　人的資本経営を推進していくために、人事部門の役割を再定義し、ビジネスパートナー化を促進するなど、戦略を経営・事業とともに実現する人事への脱皮を図った。具体的には、社外から新たにGlobal head of HRを招聘し、人事部門の役割を進化させ、事業部門のリーダー・マネジャーの質を高めるサポートを人事部門が行うことを目指している。そのために、人事部門自身がより良いビジネスパートナーになるよう、データドリブンのHRに取り組んでいる（図表2-12）。

組織は戦略に従うか、戦略は組織に従うか

　ここで、経営学では古典的な戦略論を思い出したい。「組織は戦略に従う」と「戦略は組織に従う」。この有名な二元論は、人的資本経営を考察するうえで外せない論点である。前者は経営史学者であるチャンドラー[44]が1962年に、後者はアンゾフ[45]が1979年に提示した命題である（図表2-13）。

　チャンドラーは米国の成長企業4社の組織改革の事実をもとに、「経営戦略に

VISIONの実現

One Astellas with the Astellas Way

期待する人材像	目指す組織像
変化を先取りし挑戦する人材	しなやかで強靭な組織
多様性を尊重する人材	刺激しあう組織
他者へ貢献する人材	連携する組織
誠実に行動する人材	高い倫理観を持つ組織

人材・組織マネジメント

採用・配置

選ばれる会社

人材・組織開発

評価・処遇

出所：アステラス製薬ウェブサイト「HR Vision」より抜粋

従って、組織構造も変革される」という考察を導き出した。その後、「組織は戦略に従う」という考え方は、マーケティング界の最高権威、マイケル・E・ポーターの『競争の戦略』[46]に引き継がれ、「組織は戦略に従う、戦略は産業構造に従う」という考えに発展していった。80年代に世界中のコンサルタントは、企業の競争戦略の標準系としてこの戦略論を扱い、企業革新を説いていった。

　一方で、アンゾフの「戦略は組織に従う」は、当時の多角化経営を研究し、新規の戦略が策定されても組織の抵抗によってほとんど実を結んでいないという実態から、戦略は組織に細心の注意を払って策定されなければならない、という主張であった。

44）　A.H. Chandler Jr., *Strategy and Structure*, 1962
45）　H.I. Ansoff, *Strategic Management*, 1979
46）　Michael E. Porter, *Competitive strategy*, 1980

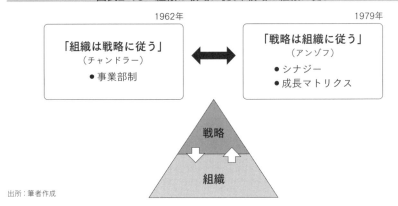

図表2-13　組織は戦略に従う、戦略は組織に従う

出所：筆者作成

　その後の1990年に、ゲイリー・ハメルとC・K・プラハラードによる「競合他社に真似のできない核となる能力を軸とするコア・コンピタンス経営」[47]、ジェイ・B・バーニーの「企業内部に蓄積される総合的なケイパビリティが競争優位の源泉であるとするリソース・ベースト・ビュー」[48]という考え方が広がっていった。そしてジム・コリンズの「人の能力を軸にした経営が重要である」という『ビジョナリーカンパニー2』[49]に行き着く。「組織は戦略に従う」と「戦略は組織に従う」のいずれも、戦略論の原点であり、現在に通じるものである。

　そのため、自社にとってどちらが先の方がいいのか、という論争にあまり時間をかける意味はなく、「戦略と組織は、どちらかに従うという主従関係にあるのではなく、相互に影響しあっている」という考え方が妥当であろう。

　どんな優れた戦略でも、それを実現できる資源の組織化がうまく行われなければ、戦略は単なる「机上の空論」になる。反対に戦略構図を持たない企業は整合性のない資源配分を行うことになり、長期的な環境変化には適応ができなくなる。企業が成長を続けるためには、戦略と組織が相互補完の関係性を持っていることが重要である。

　経営戦略と人材戦略を実行するのが組織である限り、伊藤レポートが強調する両者の連動も、実行部隊である組織とアライアンスを取ることこそが大事であ

47）　Gary Hamel & C.K. Prahalad, *The Core Competence of the Corporation*, 1990
48）　J.B. Barney, *Firm Resources and Sustained Competitive Advantage*, 1991
49）　Jim Collins, *Why Some Companies Make the Leap and Others Don't*, 2001

り、これが連動しなければ、現場は混乱するばかりでマネジメントが効かなくなってくる。人的資本経営に限らず、企業経営における原理原則と言える。

プロ野球の常勝集団はどちらか

　ただし、間違いなく言えることがある。真に人的資本経営ができている企業は、アンゾフの「戦略は組織に従う」ことができている。これはプロ野球の球団に例えるとわかりやすい。トップレベルでの野球の戦いでは、長いシーズン中は怪我や不調などのアクシデントに備え、レギュラー選手の有能さだけではなく、ベンチにいる選手や二軍・三軍の選手層の厚さが、いざという勝負の場面で勝利を左右することになる。

　人材の質をたゆまなく磨きながら、どんな対戦相手でも、どんな球でも、自球団の強みを最大限に活かして柔軟に戦略を組み替えていく。これが本来の人的資本経営であり、それを実現できている集団は、人的資本の重要性を叫ばなくても創業から体質として根づいている。

　その傾向は、国内企業ではトヨタ自動車やリクルート、ソニーグループなど業界のトップ企業に見られる。長期的な視点で人材投資をしてきた結果、他社が環境変化の影響で方向転換を余儀なくされても、変化の波を受けることなく勝ち続けてナンバーワン企業になった。また、そうでなければトップを走り続けられない。

　日本企業はROEやPERが低迷していて、PBRが1倍を下回る企業が欧米と比べて多いため、株主に対してどうしても人材戦略の説明よりも株主還元や構造改革を強調しがちである。前述のように教育訓練費は財務会計上、費用として計上されるため、短期的には資本効率を低下させてしまうことになり、説明を避ける傾向にある。しかし将来を担う二軍・三軍の選手層に厚みを持たせる取り組みは、競争優位を持続させる重要なドライバーとなる。

　経営者は自社の人的資本への投資と関連する経営戦略、そして財務指標や資本効率の向上につながる一連の関連性を明確にして道筋を示していくことが必要となる。そのシナリオが甘ければ、投資は見送られる。投資家が納得できる説明ができていれば、短期的な利益確保に対するプレッシャーを乗り越えて、自社の人的資本への投資と長期的な企業価値向上の両立を目指していくことができるのである。

視点❷ 「As Is-To Beギャップの定量把握」

人事情報の一元管理ができている企業は、戦略人事が実現できている

2つ目の視点が、経営戦略実現の障害となる人材面の課題を特定したうえで、課題ごとにKPIを用いて、目指すべき姿（To be）の設定と現在の姿（As is）とのギャップを定量的に把握せよ、というものである。

それは、人材戦略が経営戦略と連動しているかを判断し、人材戦略を不断に見直していくために重要であるとする。そのために、人材関連の改善KPIについての情報や、社員のスキル・経験などの特性を示す人事情報基盤を整備して、人材戦略の実現に関するタイムリーな意思決定を支えよ、というものである。

人事部大研究の調査でも、人事情報の一元管理ができている企業は「戦略人事」、すなわち人材戦略と経営戦略との連動が実現できている傾向が顕著にみられた。特に、「次世代人材の発掘・育成」「事業部の人的資源の調整・配分」「従業員への支援」「人事ポリシーの明確化」で顕著となり、戦略人事を実行するうえで、人事データ活用が重要であることが明らかだ（図表2-14）。

また、「動的な人材ポートフォリオ計画を踏まえて、目標や達成までの期間を設定すべし」というのは、各KPIで目標とする状態や、達成までの期間を定めて、目指すべき姿（To be）の設定と現在の姿（As is）とのギャップを適時に把握して、経営陣・取締役と定期的に議論することで、迅速に対策を講じろ、という意味である。

「なんとなく人事」から「より確かな人事」へ

日本はこれまで新卒採用中心、同質性の高い人材の集合体、終身雇用、年功序列の枠組みによって支えられ、その中心にあった人事は良い意味で「経験・勘・記憶」という3Kで運営できていた。中途採用人材が増え、日本型雇用の形が少しずつ変容する昨今では、人事が専門性の高い人材を採用したり、多様な人材と複雑化した組織を把握することが困難となり、3Kに依存する限界が見えはじめてきた。

「客観・傾向・記録といったNew 3K」によって、「なんとなく人事」から「より確かな人事」へと変貌していくことが戦略人事実現の確かな道であり、戦略人事推進の観点からも、HRデータを一元管理して活用するタレントマネジメントシ

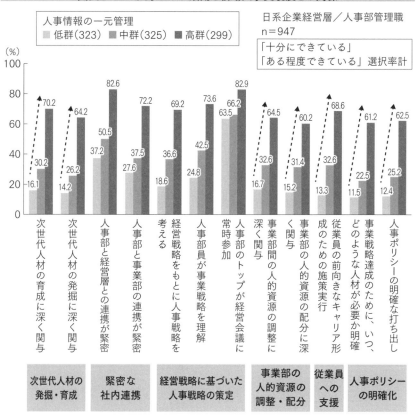

図表2-14　人事データ活用と戦略人事実現度との関係

人事情報の一元管理
■ 低群(323)　■ 中群(325)　■ 高群(299)

日系企業経営層／人事部管理職
n＝947

「十分にできている」
「ある程度できている」選択率計

項目	低群	中群	高群
次世代人材の育成に深く関与	16.1	30.2	70.2
次世代人材の発掘に深く関与	14.2	26.2	64.2
人事部と経営層との連携が緊密	37.2	50.5	82.6
人事部と事業部の連携が緊密	27.6	37.5	72.2
経営戦略をもとに人事戦略を考える	18.6	36.6	69.2
人事部員が事業戦略を理解	24.8	42.5	73.6
常時参加	63.5	66.2	82.9
人事部のトップが経営会議に深く関与	16.7	32.6	64.5
事業部間の人的資源の調整に深く関与	15.2	31.4	60.2
事業部の人的資源の配分に深く関与	13.3	32.6	68.6
従業員の前向きなキャリア形成のための施策実行	11.5	22.5	61.2
事業戦略達成のために、いつ、どのような人材が必要か明確	12.4	25.2	62.5

区分：
次世代人材の発掘・育成／緊密な社内連携／経営戦略に基づいた人事戦略の策定／事業部の人的資源の調整・配分／従業員への支援／人事ポリシーの明確化

出所：パーソル総合研究所「人事部大研究調査」2021年

ステムといったインフラの強化が急がれる。

　見逃してはいけない論点として、同調査ではHRテクノロジーの活用が戦略人事を推し進める優先的な施策であるとの認識はされていない。したがって活用も進んでいない実態が浮き彫りになっている。

　多様な雇用形態、働き方の変化による人事業務の複雑性に対処していくためにも、HRデータやタレントマネジメントシステムは、アジリティとサステナビリティ強化に必要不可欠なインフラになり得る。Old 3K依存からの脱却とNew 3Kへの取り組みに一段とギアを上げる必要がある。

旭化成の「人財ポートフォリオ・マネジメント」

　旭化成は、積極的なM&A[50]やCVC[51]を背景に、経営戦略と連動した人財ポートフォリオにもとづく採用・育成に取り組み、注力してきた。経営戦略の実現に向けて必要となる人財ポートフォリオを、採用すべき人財の質と量を、事業軸と機能軸の両面から作成した。

　また、同社独自のエンゲージメント調査によって、職場環境や社員の活力を把握し、上司部下関係や職場環境、社員の活力、成長につながる行動を毎年調査している。

　特に注目すべきは、採用競争が激化する高度専門職やデジタルプロフェッショ

図表2-15　旭化成の「人財ポートフォリオ・マネジメント」

高度専門職の区分と役割

区分		役割
エグゼクティブフェロー **（執行役員相当処遇）** 新しい技術領域を創出した、あるいは技術領域を著しく拡大した実績を持つ者 **プリンシパルエキスパート** **（理事もしくは上席理事相当処遇）** 各技術領域におけるトップ技術者	**シニアフェロー** **（理事～執行役員相当処遇）** 定年到達後の任期満了に伴いエグゼクティブフェロー、プリンシパルエキスパートを退任した後も引き続き右記役割を担うと期待される者	①トップ専門職として技術や専門性を深耕・発展させて新事業創出や事業強化に積極的に参画・貢献する ②当該領域の人財育成を行う
リードエキスパート プリンシパルエキスパートに次ぐ専門職（プリンシパルエキスパートの候補者）		技術や専門性を深耕・発展させて新事業創出や事業強化に積極的に参画・貢献する
エキスパート リードエキスパートに次ぐ専門職（リードエキスパートの候補者）		

出所：「旭化成レポート2021」より抜粋

---

50)　M&A（Mergers and Acquisitions：合併と買収）
51)　CVC（Corporate Venture Capital：事業会社が自社の戦略目的のために行う投資）

ナル人財に関して、人財の要件定義をしたうえで、人数目標にもとづいて進捗を
モニタリングし、As Is-To Beのギャップを定量把握し、人財の量と質を毎年洗
い出しながら、社外への投資を行っていることが特徴的な、人的資本経営の実践
企業である点だ（図表2-15）。

視点❸ 「企業文化への定着」

　視点3では、持続的な企業価値の向上につながる企業文化は、所与のものでは
なく、人材戦略の実行を通じて醸成されるものであり、そのために人材戦略を策
定する段階から、目指す企業文化を見据えることが重要であるとしている。

　これは他の視点と比べてかなり長期的な施策であり、一朝一夕に生み出される
ものではない。まず前提として重要なのが、自社の企業理念、存在意義を定義、
あるいは再考することだとする。

　ESGやサステナビリティの文脈から考えれば確かに、企業が自社の利益だけ
を追求することを許されず、ビジョン経営を超えたパーパス経営に向かうことを
想定すれば、あらためて自社の環境、社会、ガバナンスにおける存在意義を再考
することは必要であろう。あるいは、自社が社会や環境にどのように貢献してい
くかを、ステークホルダーに説明する必要もある。

先行する企業

　ソニーグループは、「クリエイティビティとテクノロジーの力で、世界を感動
で満たす」をパーパスとして定義して、CEOやCHRO自らがパーパスを発信
し、対話する機会を創出している。丸井グループは、イノベーションの創出に向
けた自律的な組織づくりを推進するために、10年以上の期間をかけて社員一人
ひとりの自主性を促す「手挙げの文化」の醸成に取り組んできた。

　このように息の長い取り組みは、パーパスが組織のなかに染み込んでいなけれ
ば続かない。キャリア自律が自ずと醸成されて、それが働くすべての人の姿勢や
行動に紐づけられ、その過程で人的資本が徐々に形成されていった象徴的な事例
であろう。

　文化がソフト的な特性を持ち合わせている点に対して、社員の任用・昇格・報
酬・表彰等の仕組みなど、ハード的な施策の検討も重要であるとする。人的資本
経営の実践には、ハードとソフトを、それぞれの時間軸で測りながら設計してい

くことが、ありがちな変革疲れやハレーションを発生させずに根づかせる秘訣と言えよう。

SOMPOホールディングスは、会社が社員のキャリアパスを決める従来のやり方から脱却することを目的に、ジョブ型人事制度を導入している。MYパーパスにもとづいて社員自らがキャリアを選択し、自身のパーパスに突き動かされてドライブする企業文化の醸成を目指している。ハードとソフトを上手に融合できている好事例だ。

花王は、成果の重視から挑戦の重視への転換施策として、「成長活性化制度」を導入。従来100%達成を目指すことを前提とするKPIにもとづいたMBO[52]による目標設定・評価制度を、OKR[53]に変えた。このOKRを「ありたい姿や理想に近づくための高く挑戦的な目標」として定義し、社員が自ら掲げる大きな目標への挑戦を通じて一人ひとりが成長し、結果的に会社の成長や社会に貢献することを目指している。

また、社員のOKRをグループ全体で共有して、同じ夢を持つ社員同士が部署を超えて連携できる環境をつくるために、社員同士で対話を重ねてブラッシュアップさせていき、自分の目標がどのように組織全体につながっていくのかを確認しながら、活動していくことを奨励している。

三菱ケミカルでは、人事役員が各部門の約600名の社員と対話を重ね、その結果、人事部の若手社員が新人事制度を経営陣に提案するという、日本の伝統的な大企業では前例がない画期的な例が見られる。人事主導で人事制度改革パッケージを経営に提案。会社と従業員が互いに選び、活かしあう関係を構築するための「主体的なキャリア形成」「透明性のある処遇・報酬」「多様性の促進と支援」を3つの柱とする人事制度を構築した。

人的資本経営コンソーシアムの設立

なお、人材版伊藤レポート2.0公表の3カ月後、「人的資本経営の実現に向けた検討会」の流れを汲んで、一橋大学CFO教育研究センター長の伊藤邦雄氏をはじめとする、計7名の発起人からなる「人的資本経営コンソーシアム」の設立が

---

52) MBO（Management By Objectives：目標による管理）
53) OKR（Objectives and Key Results：目標と主要な結果）

呼びかけられ、2022年8月に設立総会が開催された。

　ソニーグループやキリンホールディングス、SOMPOホールディングスといった日本の主要企業が社員のリスキリングで連携する協議会の誕生である。社員が相互に兼業・副業する仕組みを設けたり、共同で学び直しの場を提供したりすることを検討して、「人への投資」を拡大しようというのが目的。想定の100社を大きく上回る320社が会員となった。

　活動内容としては、人的資本経営の実践に関する先進事例の共有、企業間協力に向けた議論、効果的な情報開示の検討が進められ、投資家との対話の場も設ける予定である。このコンソーシアムの活動によって、「人への投資」に積極的な日本企業に世界中から資金が集まり、次なる成長へとつながることを目的とし、経済産業省と金融庁がオブザーバーとして参加する。いよいよ日本の人的資本経営が世界に向けて本格的に動き出すこととなる。

人材版伊藤レポートのまとめ

　人材版伊藤レポートの読み解きはここで終えるが、最後のまとめとして人的資本を自社に持続的なものとして根づかせるために必要なフレームワーク「7Sモデル[54]」を紹介したい。7Sモデルは無形資産であり非財務情報を表している。そしてその成功要因は、整合性と一貫性である。

　7Sモデルは、戦略コンサルティングファームであるマッキンゼー・アンド・カンパニーのウォーターマンとピーターズが組織研究を進めていくなかで生み出されたもので、分析ツールとして多くのコンサルティングサービスやビジネスシーンで活用されている。

　この7Sモデルの本質は、企業変革を設計・実践するうえで重要なことは戦略（Strategy）や組織構造（Structure）、社内の仕組み（System）といったハードだけではなく、人材適正化（Staff）、企業風土（Style）、企業内能力（Skill）、共通価値観（Shared Value）あるいはパーパスといったソフトを合わせた7つの要素の相互関係を見て、整合的で一貫性あるマネジメントができることにある（図表2-16）。

　業績低迷にあえぐ企業に変革をもたらして、V字回復を果たすことを期待して

54）　7Sモデル（Strategy、Structure、System、Staff、Style、Skill、Shared Value）

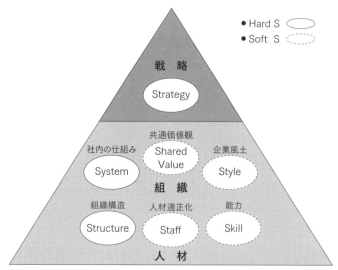

図表2-16　7Sモデル

- Hard S
- Soft S

戦　略
Strategy

共通価値観
Shared Value

社内の仕組み
System

企業風土
Style

組　織

組織構造
Structure

人材適正化
Staff

能力
Skill

人　材

出所：マッキンゼー・アンド・カンパニーの7Sモデルを筆者改編

就任する経営者が真っ先に行うのは、即効性が高い戦略変更や組織改革、人事制度改革などのハード施策である。

　しかしその企業がこれまで蓄積した企業理念や文化に十分に配慮しないままに変革を進めていくとハレーションが起こり、それについていけない人が次々と辞めていくことになる。必要のない人材が辞めていくのは歓迎だとする向きもあるが、それがこうじると残ってほしい人材さえも失いかねない事態が、やがて生じる。

　当時の状況を考えればとても困難な舵取りを、ハードとソフトの同時変革で成功させたのが、1990年代に3年連続赤字の苦境から米IBMの経営を引き継いだルイス・ガースナーである。

　ガースナーは、これまでの30年間に蓄積されてきた無形の知的資本がIBMのなかにあると見抜き、真の強みを探り、インターネット技術を使った経営革新手法"e-business"へと変化に挑んだ。

　その際にハードだけではなく、リーダーシップなど人材面でも状況を詳細に把握し、新たな事業戦略に向けた新しい行動スタイルに変えてV字回復を果たし、世界から注目された（図表2-17）。ガースナーの著書『巨像も踊る』[55]は、人的資

	エイカーズ		ガースナー
Strategy 戦略	IBMはコンピュータ企業「メインフレームによる高度な高速処理を提供」 ●製品競争力で差別化 ●ヘビーユーザーとの関係を強化	ビジネスモデルの転換	IBMはソリューションサービス企業「すべてを統合したOne Stop Solutionを通じて、一つの会社として提供」 ●ソリューション開発力で差別化 ●カスタマーサービス力で差別化
Shared Value 価値観	製品本位 ●ルール主導 ●責任感、高い基準の追求	ビジネスの変革を支える下部構造	顧客本位 ●原則主導 ●実行ありき 中央集権化（One Global組織） ●経営執行委員会 ●世界経営審議会 業績主導 ●業績評価（レイティング） ●柔軟な連携 ●方向の明確性 ●チーム意識 主にボトムアップ ●ビジョン型 ●関係重視型 ●育成型
Structure 組織構造	組織分権化 ●20の独立した事業部 ●会社の分割計画		
System 人事制度	人間関係主導 ●終身雇用		
Style 組織風土	官僚主義 成功体験による希薄な危機感		
Staff リーダーシップ	主にトップダウン ●指示命令型 ●率先垂範型 ●民主型		

出所：筆者作成

本経営を実践するうえでも大いに参考になるであろう。

55）　ルイス・ガースナー『巨象も踊る』日本経済新聞社、2002年

⊙ HCM は ESG の S、SDGs は全人類すべてのグローバル・アジェンダ

⊙ 価値創造ストーリーを描くことから始まる

⊙ 経営戦略と人材戦略の連動は「言うは易く行うは難し」

⊙ 中期経営計画がエクイティガバナンス、非財務情報と整合しない落とし穴

⊙ 現場に活かされてこその人的資本

⊙ CHRO の看板の掛け替えで済まさない

⊙ 組織は戦略に従うか、戦略は組織に従うか

⊙ プロ野球の常勝集団は選手層の厚さが人的資本

⊙ 人事情報の一元管理ができている企業は、戦略人事が実現できている

⊙ 「なんとなく人事」から「より確かな人事へ」

第3章 情報開示の誤解を解く

　ESG投資の場合、機関投資家からの要望は、「ESG投資への取り組みとリターンとの結びつきを定量的かつ独自性のあるプロセスで説明してほしい」というものである。人的資本も同様で、ひと言で言えば開示内容が自社固有の確かな筋書きにもとづいているかどうかである。人材戦略が自社の事業戦略を実現するのに十分な要件を満たすシナリオとして描き切れているのか、その確からしさが重要となる。

　なぜなら、この両者を長期的に連動させて成果を上げている企業が少ないからだ。環境変化が激しい昨今、経営者は事業戦略を柔軟に変化させている。しかし人材戦略がそれに追いついていない現実がある。

　人的資本情報の開示に向けては、自社が大事にしている人材マネジメントポリシーに照らして、自社らしさを議論しつつ、必要なデータを整理・蓄積していくことが重要であり、地道な取り組みとなっていく。それが価値創造ストーリーとして形になっていく。それを総括して表現したものが、統合報告書である。

　これまで上場企業が公表する財務関連情報といえば、日本では「有価証券報告書」、米国では「Form 10-k」があり、それぞれ監督当局が定めたルールに則った開示が中心であった。日本では金融庁、米国ではSEC（米国証券取引委員会）への提出が義務づけられる、企業活動の年次報告書であった。投資家が関心を持って見ていたのは、いわゆる財務3諸表といわれる貸借対照表（B/S）[56]、損益計算書（P/L）[57]、キャッシュフロー計算書（C/F）[58]だった。

　しかし、リーマン・ショック以降の株主資本主義からステークホルダー資本主

56）　B/S（Balance Sheet：貸借対照表）
57）　P/L（Profit Loss Statement：損益計算書）
58）　C/F（Cash Flow Statement：キャッシュフロー計算書）

図表3-1　株主資本主義からステークホルダー資本主義へ

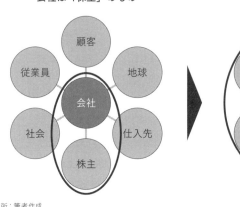
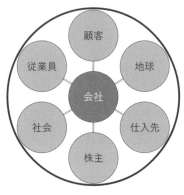

出所：筆者作成

図表3-2　米国と日本の比較

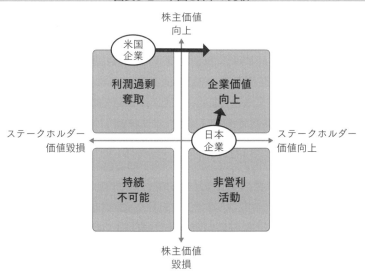

出所：松田千恵子『サステナブル経営とコーポレートガバナンスの進化』日経BPを筆者改編

義へ（図表3-1、3-2）と移行する過程で、ESG対応など長期的な視点で企業のサステナビリティや価値創造の実力を評価するためには、財務情報だけでは困難であることが自明となり、非財務情報の重要性がますます高まっていった。

　上場企業は非財務情報に関してすでに、統合報告書やESGレポート、サステナビリティレポート、CSRレポートといった報告書を通じて公表しはじめている。

1. 人的資本情報開示に関する各国の動向

義務化が進む

　人的資本の情報開示に関して、欧州諸国のなかでも特に人的資本の開示に早期から取り組み、積極的なのが英国である。2010年に労働党政権下で「平等法」が成立し、その後には「男女間賃金格差報告書制度」やコーポレートガバナンス・コードが改訂され、「企業文化・人材に対する投資と報酬に対する会社の取り組みの開示」が追記されるなど、日本にとっては身近な先行事例として参考にしたい。

　EU（欧州連合）[59]は、2014年に特定大規模事業・グループの非財務情報に関する欧州議会・理事会指令が公表され、17年には従業員500人超の企業に人的資本の開示を義務化し、21年には「企業のサステナビリティ報告に関する指令の提案」を公表するなど、着実に推し進めている。

　それまで、大きな動きを見せてこなかった米国も、2019年に米国の経営者ロビー団体のビジネス・ラウンドテーブル（BRT）[60]が、「企業のパーパスに関する声明」を発表。株主第一主義を見直し、顧客、従業員、取引先、コミュニティ等のステークホルダーの利益を重視する「ステークホルダー資本主義」を宣言するなど空気が変わるなかで、SECが上場企業を対象に人的資本の開示を義務化したことで、勢いがついてきた（図表3-3）。SECが提案している開示基準8項目は、ISO30414に準拠したものである。

59）　EU（European Union：欧州連合）
60）　BRT（Business Roundtable：ビジネス・ラウンドテーブル）

	年	政策動向
EU	2014年	● 特定大規模事業・グループの非財務情報に関する欧州議会・理事会指令が公表
	2017年	● 従業員500人超の企業に人的資本の開示が義務化
	2021年	● 「企業のサステナビリティ報告に関する指令の提案」を公表 人的資本開示の義務化対象がすべての大企業・上場企業に拡大
英国	2010年	● 「平等法」が労働党政権下で成立
	2017年	● 男女間賃金格差報告書制度
	2018年	● コーポレートガバナンス・コードが改訂され、「企業文化・人材に対する投資と報酬に対する会社の取り組みの開示」が追記
米国	2020年	● 米国証券取引委員会（SEC）が上場企業を対象に人的資本の開示を義務化
ISO	2018年	● 人的資本情報開示の国際標準的ガイドラインとしてISO30414が制定 人材マネジメントの11領域について、58のメトリック（測定基準）を提示

出所：パーソル総合研究所

国際標準が登場

　ISO30414は、ISOが2018年に発表した、人的資本に関する情報開示のガイドラインで、世界初の人材マネジメントに特化した国際基準となる。ステークホルダーの関心が高い11項目と58指標が設定され（図表3-4）、多くの指標に計算式が設けられている。米国で発表された「人的資本開示義務づけ」が、ベンチマーク先の基準として参考にした点でも、注目を集めた。

基準とガイドラインは違う

　義務化が先進国を中心に進む一方で、人的資本が非財務情報ゆえに、本来の情報は任意的要素も多分に含むものとなる。IIRCの国際統合報告フレームワークやISO30414などは、指導原則や開示すべき情報の内容に関するガイドラインはあるものの、かなり各社の自由度、任意度が高い。

　国際統合報告書は原則主義にもとづいているが、人的資本に関する情報開示において関係各所から数々の発信がなされるなかで、指針や基準、ガイドラインといった、似て非なる文言が使用されているため、受け手側としては戸惑いがちになる。どの程度の任意度と拘束力があるのかを知っておくことは、今後の運用に

図表3-4　ISO30414　領域と主な指標

		ISO30414　開示ガイドライン
No.	領域	指標（抜粋）
1	倫理とコンプライアンス	提起された苦情の種類と件数、懲戒処分の種類と件数、倫理・コンプライアンス研修を受けた従業員の割合　など
2	コスト	総労働力コスト、外部労働力コスト、総給与に対する特定職の報酬割合、総雇用コスト、一人当たり採用コスト　など
3	ダイバーシティ	年齢、性別、障害、その他、経営陣のダイバーシティ
4	リーダーシップ	リーダーシップに対する信頼、管理職一人当たりの部下数、リーダーシップ開発
5	組織風土	エンゲージメント／満足度／コミットメント、従業員の定着率
6	安全・健康・幸福	労災により失われた時間、労災の件数（発生率）、労災による死亡者数（死亡率）、健康・安全研修の受講割合
7	生産性	従業員一人当たりEBIT／売り上げ／利益、人的資本ROI
8	採用・異動・退職	採用社員の質、採用に係る平均日数、重要ポストが埋まるまでの時間、離職率、自主離職率　など
9	スキルと能力	人材開発・研修の総費用、研修の参加率、従業員一人当たりの研修受講時間、従業員のコンピテンシー比率　など
10	後継者計画	内部継承率、後継者候補準備率、後継者の承継準備度（即時および1〜3年、4〜5年）
11	労働力	総従業員数（フルタイム／パートタイム）、フルタイム当量（FTE）、臨時の労働力（派遣労働者）、欠勤　など

出所：『労政時報』第4013号（2021年）を筆者改編

おいて賢明であろう。そこで、これらの定義を以下に整理しておきたい。

　まず、内閣官房などの政府や経済産業省、金融庁といった官庁、あるいはISOなどの国際標準化機構が人的資本に関して提示するアジェンダには、その拘束力において強弱の段階があることを理解しておきたい（図表3-5）。

　法令は守るべき強い拘束力を持つが、基準とガイドラインは拘束力にどの程度の違いがあるのかは、ケースバイケースである。統合報告書などの情報開示において、開示義務項目もあれば、開示任意の独自性を持たせる項目もある。

　最も拘束力が強いのが「法令」である。法令は「法律」と「命令」を合わせたもので、国会で成立したものが「法律」、「法律」にもとづき行政機関が制定するものが「命令」となる。

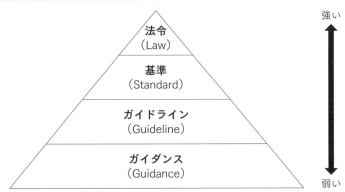

図表3-5　拘束力の段階

法令
（Law）

基準
（Standard）

ガイドライン
（Guideline）

ガイダンス
（Guidance）

強い

弱い

出所：夫馬賢治（ニューラル代表取締役CEO）資料

- 法律……国会で成立したもの
- 命令……「法律」にもとづき行政機関が制定するもの

また、「命令」には種類があり、拘束力の強い順に、

- 政令……内閣が制定
- 省令……各省が制定
- 条例……地方自治体が制定

となる。例えば有価証券報告書は、金融商品取引法に定める法律にもとづいて運用されている。

次に、法令ではないものの、最低限満たすべき義務的ルールが基準である。

- 基準……最低限満たすべき義務的ルール

法令という形式ではないものの、基準は法令と同様の強制力を持つ。例えばISO03414を取得するには、その基準を満たし、さらに第三者による認証を得る必要がある。ISO03414ではガイドラインと表現されているが、認証においてはあくまでも義務的ルールである。

その次に来るのが、ガイドラインである。

> • ガイドライン（指針）……自主的に遵守することが推奨されるルール

「指針」や「行動規範」と表現されることもある。基準との違いは、義務か推奨かである。

ガイドラインのなかには、類似のものがいくつか存在する。

> • プリンシパル（原則）……より少数の基本的な考え方に絞ったもの
> • フレームワーク（枠組み）……あるべき形の全体像を示したもの
> • イニシアチブ（主導権）……特定の理念や目的を共有する自主的な共同体や活動
> • 行動規範（Code of Conduct）……組織が自主的に遵守する規範事項のこと

IIRCが定める「国際統合報告フレームワーク」は、フレームワークとついているが、内実は原則主義をとっているので、任意を含んでいる。また、コーポレートガバナンス・コードは、上場企業やその取締役会などに求める行動規範のことである。

そして最後にガイダンスが来る。

> • ガイダンス（手引き）……法令や基準、ガイドラインを遵守するうえで、より細かい解釈方法や行動すべき内容をまとめたもの

ここまでをまとめると、有価証券報告書のように国内の場合、上場企業約3,800社と過去に有価証券の募集を行った非上場企業において、虚偽記載や不公表があると罰則の対象となる法令が存在する以外は、届出の義務、あるいは任意が中心であるため、罰則規定はない。むしろ各企業の取り組み姿勢が反映される任意なものとなる。

2. 国内の情報開示に関する動向

誰に開示するのか

人的資本の情報開示に対する関心が高まりを見せるなか、その情報開示内容を「誰が評価するのか」という重要な視点が欠けているように感じることがしばしばある。

社会−企業−個人の「三方良し」の関係において、顧客や取引先の視点が重要であることはいうまでもない。しかし、日本企業の多くは、前述のように他社の動向を気にしたり、採用時に不利にならないための対策的視点だけで考えたり、やや短期的で内向きとも言える視点が垣間見られる。それらに関しては、第5章で具体的に見ていきたい。

一方で、国の政策として見た場合の人的資本の狙いが、「ヒトという無形資産への投資とその情報開示を前向きに行っている企業に資金が集まる仕組みをつくり、企業競争力の底上げにつなげる」ことにある以上、株主の存在は大きい。人的資本の情報開示が株主の視点なくして成立しないことは、理念的にも構造的にも自明のことである。

これは、かつての株主第一主義を意味しているのではない。前述したように、米国では行きすぎた株主至上主義の反省や、気候変動への危機感から、経営者ロビー団体のBRTが株主だけでなく、顧客、従業員、取引先、コミュニティなどのステークホルダーの利益を重視することを宣言している。

ガバナンスは株主から取締役会への権限移譲が進んでいて、経営に関する多くの重要事項に関して株主総会の承認を得ることなく取締役会で決定を下すことができるようになってきた。

メインバンクガバナンスからエクイティガバナンスに

欧米とは逆に、日本は敗戦後に高度経済成長を支えるシステムとして、主要取引銀行による「メインバンクガバナンス」を採用してきた。銀行が企業の財務を支えて、その銀行を国が強固に監督する仕組みであった。銀行は企業の株をいわゆる「持ち合い株」として保有して、「モノ言わぬ株主」として存在していた。

しかし1990年代になると護送船団方式の金融行政が崩壊し、メインバンクガ

バランスの見直しが求められるようになった。一方で、規制緩和への外圧もあり、同時期に株式市場の規制改革も進み、株主による「エクイティガバナンス」への移行が始まった。

その流れが30年続き、いまでは株主が株主総会での決議に拘束力を持つことができるようになり、日本の方が海外よりも株主の権限が強くなってきたのである。しかし現在もなお経営者の頭のなかには、主要取引銀行によるメインバンクガバナンスの残滓があるという[61]。

銀行という債権者と投資家という株主とは、現預金の保有の是非に始まり、ステークホルダーへの還元の在り方、事業の多角化の是非など、どうしても利害が対立する。

その狭間にある経営者は、エクイティガバナンスが進められてから25年以上経つ現在地を踏まえて、両者の違いを理解したうえで、いま目の前にいる株主との対話が必要不可欠な重要事項であることを再認識する必要がある。

株主とは誰のこと

ここであらためて「株主」という存在について、整理しておきたい。株主の担い手は、大きく分類すると「個人投資家」と「法人投資家」がある。法人投資家のほとんどが「機関投資家」である。機関投資家とは年金基金、資産運用会社、金融機関（生命保険会社、損害保険会社、信託銀行、普通銀行、信用金庫、農協、政府系金融機関など）の総称で、大量の資金を使って株式や債券での資産運用を行う大口投資家のことである。

機関投資家の序列で言えば、アセットオーナーであり、世界最大の年金基金である日本の政府系年金基金GPIFは、保有する資産を野村アセットマネジメント、アセットマネジメントOneなどの資産運用会社に運用を委託する発注者の立場にある。そのため、アセットオーナーが動けば資産運用会社も動き、さらには銀行や保険会社といった金融機関も動く構図となる。

機関投資家が保有している資産は、基本的には自己資産ではなく「他人資産」となる。年金基金では年金加入者の掛金、保険会社では保険加入者の掛金がそれぞれ運用資産となっている。資産運用会社が運用している資産には、年金基金や

61）　松田千恵子『サステナブル経営とコーポレートガバナンスの進化』日経BP、2021年

保険会社から資産運用を一任される形で預かっている資産と、投資信託の運用の形で個人投資家から預かっている資産がある。

日本取引所グループが発表した2021年度の株式分布状況調査によると、機関投資家は6,460万人で株主全体の97.7%を占める。株式数で言えば個人投資家の持つ割合は121兆円で全体の16.6%にすぎない。機関投資家が運用している資産の規模が圧倒的に大きく、600兆円を超える。

個人投資家に関して世界に目を向けると、ニュースサイト"Sustainable Japan"編集長の夫馬賢治氏によると、『フォーブス』発表の世界長者番付2022で1位となったのは、テスラを創業したイーロン・マスク氏で、自身が創業した会社の株式としての資産額は日本円に換算して推定で約27兆円、次にアマゾン・ドット・コムを創設したジェフ・ベゾス氏で推定約21兆300億円。同長者番付で上位30人の資産額合計は312兆円である。

それに対して、機関投資家であり世界最大の年金基金であるGPIFの運用資産額は2022年6月末時点で194兆円7,251億円。世界の全年金基金の運用資産額の合計が推定で7,160兆円なので、個人投資家とは桁違いである。

このように、19世紀を代表する経済学者のカール・マルクスが『資本論』で資本家を批判した時代には存在しなかった機関投資家が、現在の株主の大多数であることを再認識しておきたい。

なお、ステークホルダー主義が強まるなかでの株主の位置づけは、財務諸表の損益計算書に例えると理解しやすい。「ステークホルダー（利害関係者）は損益計算書である」という見立てである（図表3-6）。売上高は顧客（支持や信頼の結果）、営業利益は従業員（報酬支払いの結果）、経常利益は社会（納税の原資）、最終利益は株主（配当の原資）に相当するというものだ。あくまでも株主は、ステークホルダーのなかでは最終受益者でしかない。

そして2021年に、機関投資家が属する世界の金融機関約300社がG20諸国の政府に向けて、「パリ協定で決めた各国政府の温室効果ガス削減目標を達成するために、金融セクター全体として協力することを約束する」という声明[62]を発表している。温室効果ガス排出量を削減して、自然を保護しながら、成長を促進して、グリーン雇用を創出するためには長期的な見通しと、膨大な資金が必要だか

62）"Call to Action" GFANZ 2021

出所：筆者作成

らである。

　機関投資家はマルクス主義が想定していた強欲なマネーゲームのプレイヤーではなく、気候変動対策を推進する主体者なのである。環境問題に対するESG投資は運用資産が巨額だからこそ、投資先を少数企業から選択するのには限界があり、幅広い企業に分散投資する以外に術がない。「良い企業を選ぶ」ことから「良い企業に育てる」ことに役割を変えつつあり、エンゲージメント活動の体制を強化している。

　企業にとっては煙たい存在かもしれないが、新しい流れを賢く利用して自社の企業価値向上に結びつける好機と考えたい。人的資本も、気候変動への取り組みと同じ構図なのである。

　ちなみに、海外では世界有数の投資家ネットワークICGN（国際コーポレートガバナンスネットワーク）[63] が、2021年9月に企業の取締役会に対して、人的資本管理に対する企業の方針を監督すべきであると要請している。

国内の情報開示に関する動向

　日本では、2014年に金融庁が日本版スチュワードシップ・コード（「責任ある機関投資家」の諸原則）を公表し、主要な株主となる機関投資家が企業と建設的な対話を行って、適切な受託者責任を果たす指針を打ち出している。

---

63)　ICGNC（International Corporate Governance Network：国際コーポレートガバナンスネットワーク）

図表3-7　国内の情報開示に関する動向

	内容
内閣・内閣官房	□ 岸田内閣「成長と分配の好循環」実現のため、「新しい資本主義」を提唱 ● 「新しい資本主義のグランドデザイン及び実行計画」を発表（2022年6月） ● 人的資本をはじめとする非財務情報の可視化・開示強化について言及 □ 「新しい資本主義実現会議」のワーキンググループの一つとして「非財務情報研究会」を創設 ● 人的資本可視化指針（案）を公表（2022年6月）
経済産業省	□ 2020年1月から開催されている「持続的な企業価値の向上と人的資本に関する研究会」、2021年7月から開催されている「人的資本経営の実現に向けた検討会」を通じ、人的資本経営の方向性を定めた「人材版伊藤レポート」「同2.0」を2020年9月、2022年5月に公表
金融庁	□ 2014年「日本版スチュワードシップ・コード」を公表 □ 2021年9月から開催されている「ディスクロージャー・ワーキンググループ」にて、主に投資家の投資判断という観点から、企業のサステナビリティ情報（人的資本含む）の開示に関する審議を進行 2023年から「非財務情報開示の充実」のテーマのもと、有価証券報告書への「人材育成方針」および「社内環境整備方針」に現在の記載事項（従業員数、平均年齢、平均勤続年数、平均年間給与）に「女性管理職比率・男性育休取得率・男女間賃金格差」を追加・義務化する方向性
その他	□ 東京証券取引所が発行するコーポレートガバナンス・コードが2021年6月に改訂、人的資本に関する記述を追加 ● 「測定可能な目標の開示」「人材戦略の重要性」「経営戦略との整合性」などに言及

出所：パーソル総合研究所

　2021年6月に東京証券取引所がコーポレートガバナンス・コードを変更し、「人的資本に関する記載」が盛り込まれた。また、金融庁でも2023年度までに、「男性育児休業の取得率」や「男女間の賃金格差」「女性管理職の比率」など人的資本に関する一部の情報を有価証券報告書に記載することを義務づける方針を打ち出した（図表3-7）。

　金融庁による義務づけ項目と並行して、2022年の8月には内閣官房より非財務情報可視化研究会による「人的資本可視化指針」が発表された。以下の4つの指針と19項目の「開示が望ましい項目」からなる。

人的資本可視化指針

【4つの指針】
1. 可視化において企業・経営者に期待されることを理解する
2. 人的資本への投資と競争力のつながりの明確化
3. 4つの要素（ガバナンス、戦略、リスク管理、指標と目標）に沿った開示
4. 開示事項の2類型（独自性・比較可能性）に応じた個別事項の具体的内容
   の検討

　1つ目の「可視化において企業・経営者に期待されることを理解する」は、人材育成や人的資本に関する社内環境整備の方針、目標や指標を検討し、取締役・経営層レベルで密な議論を行ったうえで自ら明瞭かつロジカルに説明することを求めている。

　次の「人的資本への投資と競争力のつながりの明確化」は、第2章で紹介した「価値協創ガイダンス」や「IIRCフレームワーク」などを活用して自社の経営戦略と人的資本への投資や人材戦略の関係性を、統合的なストーリーで構築することを勧めている。

　3つ目の「4つの要素に沿った開示」は、気候関連情報の開示フレームワークであるTCFD（気候関連財務情報開示タスクフォース)[64]を持ち出して、資本市場から広く受け入れられ、投資家にとって馴染みやすい開示構造となっている「ガバナンス、戦略、リスク管理、指標と目標」の4つの要素に沿って、統合的なストーリーをベースに開示することが効果的かつ効率的であるとする（図表3-8)。

　なお、図表のようにガバナンス、戦略、リスク管理、指標と目標はTCFDが示した概念の読み替えで表現している。4つの要素が並列にバラバラで存在するのではなく、「指標と目標」は「リスク管理」ができて初めて成り立ち、そのリスク管理は「戦略」をもとに決めて実行され、戦略は「ガバナンス」が効いた状態で実行できるという、それぞれが「同心円」上にあるものと解釈すればよいであろう。

---

64)　TCFD（Task Force on Climate-related Financial Disclosures：気候関連財務情報開示タスクフォース）

出所：非財務情報可視化研究会

　第4章で具体的に見ていくが、非財務情報可視化研究会の金融審議会ディスクロージャーワーキング・グループによる報告では、この4つの要素のうち、ガバナンスと戦略は全企業に開示を求め、リスク管理と指標と目標に関しては、各企業が自社の重要性に照らして自主的に判断して開示していいとされている。

　ただ、なぜ気候関連情報のTCFDを持ち出してまで指針を出しているかと言えば、再改訂されたコーポレートガバナンス・コードに、「TCFDまたはそれと同等の枠組みにもとづく開示の質と量の充実を進めるべき」と明記されているからである。TCFDはG20を起点にしている手前、政府が主導しやすい点もあって、自主的というよりもやや強制的な開示のニュアンスも感じ取れる。

　最後に、「開示事項の2類型に応じた個別事項の具体的内容の検討」とは、独自性と比較可能性2つの軸を、バランスを持って確保しろというものである。独自性と比較可能性に関しても第4章で扱うこととする。

開示が望ましい19項目と4つの基準

　そして内閣官房の非財務情報可視化研究会が提示するのが「開示が望ましい19項目」である。企業に対して自社の戦略に沿う項目を選び、具体的な数値目標や事例を公表するよう求める。

　例えば多様性を示す従業員の男女比や人種、女性役員の比率などは、企業ごとの差を測れるように具体的な算出基準の開示を促す。企業によって異なる従業員の研修方法などは、できるだけ具体的な事例を記載してもらうことを意図する

図表3-9　開示が望ましい19項目と4つの投資視点を整理した図

「価値向上」の観点

開示項目の例															
育成			実効性			ダイバーシティ			健康・安全				労働慣行				コンプライアンス／倫理
リーダーシップ	育成	スキル／経験	採用	維持	サクセッション	ダイバーシティ	非差別	育児休暇	安全	身体的健康	精神的健康	エンゲージメント	労働慣行	児童労働／強制労働	賃金の公正性	福利厚生	組合との関係

「価値向上」の観点

「リスクマネジメント」の観点

議論の視座

✓ 定性情報／定量情報　　✓ 一貫性
✓ 独自性／比較可能性　　✓ 任意開示／制度開示

出所：経済産業省　非財務情報の開示指針研究会

（図表3-9）。

　これを簡単に解釈すれば、次のようになる。投資の目的を「企業価値の向上」か「リスク管理」かによって分類する。例えば従業員のスキルを高める教育への投資は、企業価値を高めるものと位置づけられる。一方でコンプライアンス（法令遵守）の研修は、経営のリスクを抑える投資と考えられる。

　次に、数値化できる情報かどうかなどを基準に、「独自性」と「比較可能性」の観点で分類する。例えば研修やスキル向上のプログラムは、必ずしも他社と比べて評価すべきものではないため、「独自性」に分類する。

ステップ・バイ・ステップでの開示

　なお、この「人的資本可視化指針」は、先の伊藤レポートとの連携を訴えており、本指針と「伊藤レポート」（2020年9月）と「伊藤レポート2.0」（2022年5月）の両レポートを併せて活用することで、人材戦略の実践（人的資本への投

資）と、その可視化の相乗効果が期待できるとしている。

　ただし、この非財務情報可視化研究会では以下を助言している。「最初から完成度の高い人的資本の可視化を行うことは難しい。反対に、人材戦略の立案やその可視化に完璧性を期すあまり開示が遅れたり、開示事項の充実をためらったりすることがあっては本末転倒となる。まずは、『できるところから開示』を行ったうえで、開示へのフィードバックを受け止めながら人材戦略やその開示をブラッシュアップしていく、一連のサイクルにステップ・バイ・ステップで臨んでいくことが望ましい」。

図表3-10　開示が望ましい19項目と4つの投資視点を整理した図

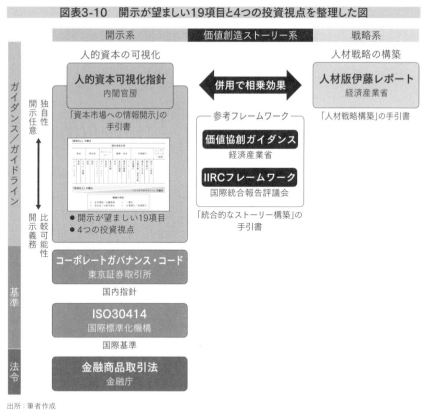

出所：筆者作成

人的資本可視化の概念整理

しかし、あまりに数々のガイドラインや指針、基準といった区別のつきにくい概念のもとで国際規格や国内規格が混在しているため、それをもって各社が自社の事業環境や戦略に照らして構築しろ、と言われても何を基盤に考えればいいのか混乱するだけだ。そこで図表3-10のように整理してみた。

3. 投資家と企業のズレこそが人的資本経営の阻害要因

投資家は何に着目しているのか

ステークホルダーとして、投資家、そのなかでも大量の資金を使って株式や債券で運用を行う大口の投資家である機関投資家の存在は大きい。では、これらの投資家は一体何に着目しているのか。

生命保険協会が2020年に行った投資家に対するアンケート調査によると、中長期的な投資・財務戦略において投資家が着目する上位項目は以下であり、「人材投資」が「設備投資」の3倍以上となり最上位であった（図表3-12）。

①「人材投資」　67.3%
②IT投資（デジタル化）　66.3%
③研究開発投資　63.4%
④資本構成の最適化　26.7%
⑤設備投資　19.8%
⑥株主還元　19.8%
⑦M&A　17.8%
⑧有利子負債の返済　3.0%

また、労働政策研究・研修機構による2018年の調査では、機関投資家が重視する人材関連情報は、以下となる。

①労働関係法令違反の有無　51.8%
②人材育成・教育訓練の取り組み　36.5%
③労働時間の柔軟性などの働きやすい職場づくりの取り組み　25.3%
④安全・健康など快適な職場づくりの取り組み　20.6%

いずれも、モノ・カネ・情報よりヒトへの投資を重要視していることが明らかである。ただし、投資家であるアストナリング・アドバイザー代表の三瓶裕喜氏

図表3-11　人的資本を巡る開示姿勢と市場評価

国内外での
焦点の違い

能力発揮 ← 人権（日本 ← 海外）

企業の開示姿勢

独自性

開示任意

国際基準
ISO30414、ISSB、人権DD、公正性

経営の意思から評価

積極性・先進性を評価

横比較・相対評価

市場評価

高評価

加点

減点

出所：三瓶裕喜氏（アストナリング・アドバイザー）作成の図を筆者改編

によれば、人的資本の開示状況は海外と日本では異なり、海外は人権や公平性に焦点が当たり、日本では能力発揮が求められるという（図表3-11）。

「資本」を英語で表す「Capital」とは、もともとの語源はラテン語でCapus（頭）を指し、能力を言い表す言葉とされている。つまり人的資本の投資とは、能力を磨き、活躍の場・環境を提供することで能力発揮することを意味している。資本市場評価に国際基準が活用される一方、アクティブ投資家は企業が持つ能力を発揮した独自の取り組みなどを理解して判断材料にしている。

企業は何を重視しているのか

では、企業側は人的資本情報の開示にあたり、何を重視しているのか。前述の生命保険協会が2020年に行った企業に対するアンケート調査では、投資家に聞いた項目と順位が異なり、人材投資にいたっては大きく逆転している。投資家の67％に対して、企業は半分の32％しか重視していない（図表3-12）。

この調査結果を見る限り、ヒトよりもモノ、カネを重視していることが鮮明となっている。この認識のズレこそが、これまで人的資本経営が根づかずにきたことの理由かもしれない。

株主資本主義からステークホルダー資本主義に移行していくなかで、大きく変貌した投資家の意向を見落として、従来の設備投資や株主還元に期待があるとの思い込みがあるとすれば、進むものも進まないだろう。これはとても重要な課題で、株主との対話を重ねていきながら是正していくことが急がれる。

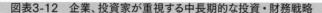

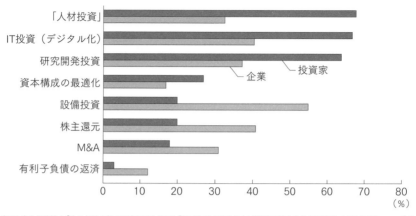

出所：生命保険協会「生命保険会社の資産運用を通じた『株式市場の活性化』と『持続可能な社会の実現』に向けた取組について」企業向けアンケート集計結果と投資家向けアンケート集計結果（2020年）を筆者改編

①設備投資　54.5%

②株主還元　40.5%

③IT投資（デジタル化）　40.1%

④研究開発投資　36.9%

⑤「人材投資」　32.3%

⑥M&A　30.7%

⑦資本構成の最適化　16.8%

⑧有利子負債の返済　12.0%

　なお、株主との対話に関して、同調査2021年のアンケートでは、「投資家が対話の質向上に向けて重点的に取り組んでいること」と「課題と認識しており今後取り組む必要があると考えていること」について聞いている（図表3-13）。対話先、つまり企業に対するより一層の分析や理解を深めるために、人員を増やしながら対話を充実させていこうとする姿勢が感じられる。人的資本に関しては、IR担当だけでなく、人事のトップ自ら積極的に株主との対話に多くの時間を費やす姿勢が求められるだろう。

　①対話先の分析や理解の深化　54.3%

　②中長期的な視点を意識し、ESGなどの対話テーマ設定における工夫
　　48.9%

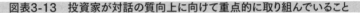

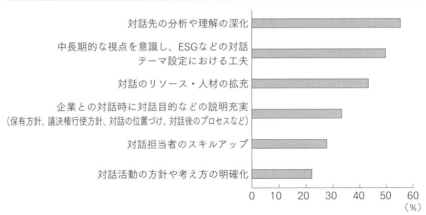

対話先の分析や理解の深化

中長期的な視点を意識し、ESGなどの対話
テーマ設定における工夫

対話のリソース・人材の拡充

企業との対話時に対話目的などの説明充実
（保有方針、議決権行使方針、対話の位置づけ、対話後のプロセスなど）

対話担当者のスキルアップ

対話活動の方針や考え方の明確化

0　10　20　30　40　50　60
（%）

出所：生命保険協会「生命保険会社の資産運用を通じた『株式市場の活性化』と『持続可能な社会の実現』に向けた取組について」投資家向けアンケート集計結果（2021年）を筆者改編

③対話のリソース・人材の拡充　42.4%

④企業との対話時に対話目的などの説明充実（保有方針、議決権行使方針、対話の位置づけ、対話後のプロセスなど）　32.6%

⑤対話担当者のスキルアップ　27.2%

⑥対話活動の方針や考え方の明確化　21.7%

「重視する情報」と「開示する情報」は同じではない

　ここで見すごしてはいけないのが、企業にとって「重視する情報」と「開示する情報」が必ずしも同じではないということだ。

　開示に向けた悩ましさや懸念について、パーソル総合研究所が2022年3月に実施した「人的資本情報開示に関する実態調査」における自由記述回答を見ると、「理想と現実とのギャップ」「実績や達成度の低さ」「比較されることへの懸念」といった本音が聞こえてくる（図表3-14）。

　いざ情報開示となると、自社の人的資本に関するパフォーマンスの低い実態を露呈させてしまうことへの大きな懸念が覆いかぶさり、積極的な情報開示に尻込みをしてしまうのである。

　すると、どうしても他社の動向を気にしてしまい、他社と比較して自社にとって不利とならない無難な開示項目を選択する予定調和な方向に行きかねない。実

No.	悩ましさや懸念	回答数
1	理想と現状とのギャップ、実績や達成度の低さ	27
2	開示内容の範囲や深さ、切り口	20
3	社内の意識改革、連携、意思統一	15
4	定量化の難しさ	13
5	競合他社への情報開示や比較されることへの懸念	8
6	親会社・子会社の関係、事業の多様性	6
7	すべてオープンにすることへの抵抗	6
8	投資家とのコミュニケーション（意思疎通）	3
9	費用対効果	3
10	経営戦略との連動	3
11	担当する人材の不足、育成	3
12	その他	30

出所：パーソル総合研究所「人的資本情報開示に関する実態調査」2022年

際に同調査では、企業の経営層や人事部長らの77.7%（人事部長に限ると84.6%）が前述のように他社の動向を意識しており、他社事例などの情報を手がかりにして、情報開示の在り方を模索している様子がうかがえた。

4. 情報開示をしていくうえで企業が重視すべき点

投資家は企業の成長を見ている

　ただ、投資家は必ずしも現在のパフォーマンスの高低だけを評価して投資するのではない。むしろ、現状の課題を真摯に捉えて、その課題解決に向けて何をどのように、いつまでにどれくらい伸長させていくのか、その取り組み姿勢と施策内容の確からしさに対して投資をするのである。成果が出ている無難な項目だけを開示しても、それは他の企業も同様に開示しているものが多く、先々の成長余地が大きい魅力ある投資先とは言えない。

　日本企業はROEやPERが低迷していて、PBRが1倍を下回る企業が欧米と比べて多いため、投資家に対してどうしても人材戦略の説明よりも株主還元や構造

改革を強調しがちである。

　何度も伝えているように、教育訓練費は財務会計上、費用として計上されるため、短期的には資本効率を低下させてしまうことになり、説明を避ける傾向にある。

　情報の開示とともに、一方通行な開示だけではなく投資家との対話を通じて、経営者は自社の人的資本への投資と関連する経営戦略、そして財務指標や資本効率の向上につながる一連の関連性を明確にして道筋を示していくことが必要となる。

　そのシナリオが甘ければ投資は見送られる。投資家が納得できる説明ができれば、短期的な利益確保に対するプレッシャーを乗り越えて、自社の人的資本への投資と長期的な企業価値向上の両立を目指していくことができる。

誠実さが問われる

　投資家だけが相手ではなく、顧客、従業員、取引先、コミュニティといったステークホルダーへの真摯な情報開示のためにも、少なくとも投資家が期待すること、課題と認識していることへの理解と実践から始めることが先決であり、有効である（図表3-15）。

　①対話の材料となる情報開示が不足　49.5%

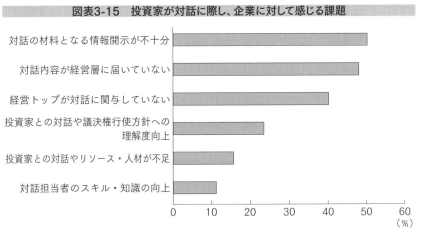

図表3-15　投資家が対話に際し、企業に対して感じる課題

出所：生命保険協会「生命保険会社の資産運用を通じた『株式市場の活性化』と『持続可能な社会の実現』に向けた取組について」投資家向けアンケート集計結果（2021年）を筆者改編

②対話内容が経営層に届いていない　47.3%

③経営トップが対話に関与していない　39.6%

④投資家との対話や議決権行使方針への理解度向上　23.1%

⑤投資家との対話やリソース・人材が不足　15.4%

⑥対話担当者のスキル・知識の向上　11.0%

図表のグラフ以外にも、「社外役員との対話の機会が不足」「IR 部門と CSR 部門の情報共有不足」「対話内容が取締役会（特に社外取締役）に届いていない」といった声もあがっている。

投資家は人的資本に関連する現在のパフォーマンスだけではなく、将来の成長性を見ている。事業戦略を実現するために不足している人的課題を真摯に開示して、実現に至る道筋を明確に示す企業に投資して支援するため、企業としての誠実さが問われるであろう。

例えば三井住友フィナンシャルグループは、自社の開示データに「内部通報の件数」を開示しようとしている。センシティブな内容なので、社内でも反発があったものの、「データがあるものは開示する」という方針のもと社内各所に呼びかけたことで、非財務の重要性が浸透してきているという。

ESG 投資でいうところのグリーンウォッシュのように、どんなに見せかけてもその行為自体がリスクとなって、ダイベストメント（資金の引き揚げ）の対象になってしまう。これまでの実績が低迷している要因を直視して包み隠さずに公開し、改革への明瞭な道筋によって構築された人材戦略は、長期的な成長へのより強固な貢献可能性を有していると捉えられ、投資家の納得感を得られる。

とはいえ、はじめから完成度の高い人的資本の指標化を狙うのではなく、まずは一歩ずつ開示できるものを積み重ねていき、開示した結果へのフィードバックを受け止めて、人材戦略やその開示内容をブラッシュアップしていく PDCA を回していきながら、徐々に拡大していくことが、長期的に見れば賢明と考える。

情報開示の意義と統合報告書の価値

ここで、企業の人的資本など非財務情報を開示する意義と統合報告書の価値をまとめておきたい。まず、情報を開示する意義は何か、あらためて考えたい。

これまで、特許や独占的技術といった知的財産権や、企業ブランド（のれん）が中心であった非財務情報に加えて、それらを生み出す源泉となる人的資本への

投資がESG投資の高まりによって海外で動き出し、周回遅れながらも日本において、政官あげた取り組みに勢いがついてきた。

松下幸之助が唱えた「事業は人なり」、伊丹敬之教授の『人本主義企業』が主張した、欧米の資本主義は「物的資本」、日本企業の強みの源泉は人間を中心とする「人的資本」であるという言説。いずれも高度経済成長期からバブル崩壊までの日本企業の強みを言い表し、海外からも支持された。しかし、その後の経済成長の鈍化と日本企業の国際競争力の劣化、働く人のエンゲージメントの低下など、成長しない失われた期間が30年以上続いていることを軽視してはいけない。

DXでデジタル化に向かういま、競争原理は変質し、アナログ時代に日本が誇った人ベースの「すり合わせ」による技術革新は色褪せてしまった。「従業員は黙っていても会社についてくる」というおごりが、人材を有形資産と見なした。その代わりに、海外勢が無形資産への投資を推し進め、GAFAMなどの巨大インフラ企業が生まれた。

では、企業の人的資本経営の活動内容を反映した統合報告書の価値とは何か。それは、単なる人的資本経営の成績表ではなく、情報開示そのものが経営戦略であるということである。情報開示の巧拙が企業価値に瞬時に影響を与える時代でもある。

価値創造ストーリーが明確で、トップメッセージ・長期ビジョン・サステナビリティ・マテリアリティとも整合性がとれていて、芯がしっかりしている統合報告書が提出できる企業は、まさに人的資本経営の実践者なのである。

統合報告書はステークホルダーのためにある

人的資本経営は株主や従業員のためだけにあるのではない。自社の製品やサービスに価値を感じて支持してくれる顧客や、自社に魅力を感じて応募してくれる求職者、長期にわたって取引を続けてくれるパートナーをはじめ、企業を取り巻くすべてのステークホルダーとの関係構築において実現され、還元していくものである。

例えば、女性管理職比率など、人的資本経営に取り組んだ成果（開示した項目の結果）は統合報告書を通じて評価され、将来に期待されながら、さらに人材に投資していくエコシステムであることを、あらためて確認しておきたい。そのエコシステムをつくりあげるのが経営者であり、経営企画、IR、財務などの主要

な部門を巻き込んで主導するのが人事部門である。統合報告書が広くステークホルダーに読まれるまでにはまだまだ時間を要するであろうが、それが価値あるものだと認識されていけば、企業とステークホルダーをつなぐコミュニケーションの機会となっていく。

本章のポイント

⦿国際的に義務化が進む一方で、ガイドラインによる任意性との両建てに

⦿基準とガイドラインは違う

⦿開示先は株主を中心としたステークホルダー

⦿投資家と企業とのズレこそが人的資本経営の阻害要因

⦿投資家は企業の成長を見ている

⦿開示は企業としての誠実さが問われる

独自性を
どのように発揮するか

　人的資本経営に取り組む企業に対して、投資するかしないかを投資家が判断する材料として、統合報告書の位置づけを前章の最後に示した。

　統合報告書が注目を集めた発端は、2011年のIIRCによる統合報告に関するディスカッション・ペーパーの公表にある。その頃から日本でも、時価総額上位のグローバル企業を中心に、統合報告に関する議論が活発になっていった。その後、統合報告書を発行する企業は年々増え続けており、非上場企業や大学などにも広がり、百花繚乱な状態になりつつある。

　また、日本経済新聞社が1998年より主催してきた年次報告書のコンテスト、「日経アニュアルリポートアワード」を2021年には「日経統合報告書アワード」と改称するなど、統合報告書が他の報告書類を包括する役割として位置づけられつつある。

　本章では、これまで有価証券報告書が主に取り上げてきた有形資産のみならず、人的資本を含めた無形資産との両面で企業評価できる情報を発信する統合報告書を中心に取り上げて、人的資本経営における情報開示の在り方を提示していきたい。

　そのためにも、まずは報告書といわれる複数の書類の整理から入りたい（図表4-1）。

1. 情報開示書類などの類型

　非財務情報可視化研究会は、混在しはじめた情報開示に関する書類、例えば事業報告書やコーポレートガバナンス報告書など法令や取引所のルールで求められる書類、あるいは統合報告書やサステナビリティレポート、中期経営計画、IR

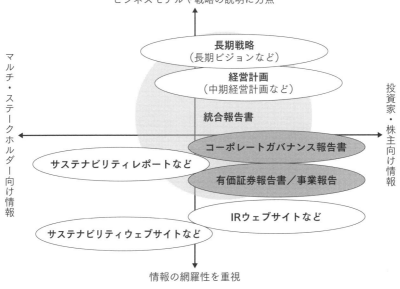

出所：非財務情報可視化研究会

ウェブサイト、サステナビリティウェブサイトなど、さまざまな任意の媒体で混在している書類に対して、2軸で整理したものを2022年8月に提示した。

　書類の内容が自社のビジネスモデルや戦略の説明を重視するか、それとも情報の網羅性を重視するのかという縦軸と、情報を誰向けに、すなわち投資家・株主に絞り込むのか、より多くのステークホルダー向けに広げるのかという横軸で書類を整理したものだ。

　その整理軸でポジショニングすると、既存の有価証券報告書やコーポレートガバナンス報告書は、投資家や株主を対象に、できるだけ多くの情報を網羅した内容を盛り込むものと位置づけており、それは法定や取引所ルールなどで開示が求められる強制力が働くものである。

　一方で統合報告書は、提供する対象は投資家以外のステークホルダーにも目を向けたもので、内容は有価証券報告書やコーポレートガバナンス報告書に加え

て、より将来の姿を語る戦略寄りの情報に力点を置くものとして位置づけ、開示自体は任意としている。

　任意である以上、企業に委ねる姿勢をとっているわけだが、外部からは見えにくい人的資本への投資や人材戦略に関連する目標・指標といった情報の非対称性を減らすために、さまざまなステークホルダーへの積極的な発信と対話の機会を戦略的に活用していくことを重視している。

　つまり、企業各社は自社の戦略にしたがって、開示する手段と相手を選び、発信と対話を上手に使いこなしながらIR活動を進化することが求められていると考えていい。

サステナビリティ情報の記載義務

　なお、有価証券報告書に関しても非財務指標を充実させるべく、新たな事項が加わった。「サステナビリティ情報」の記載義務化である。

　非財務情報可視化研究会の金融審議会ディスクロージャーワーキング・グループは、有価証券報告書のサステナビリティ情報の「記載欄」の「戦略」の枠のなかに、「人的資本」と「多様性」の2つの側面での記載を求める。

　人的資本に関しては「人材育成方針」「社内環境整備方針」を記載することを求め、多様性に関しては、開示項目として、「男女間賃金格差」「女性管理職比率」「男性育児休業取得率」を有価証券報告書の「従業員の状況」のなかに追加する方針を示した（図表4-2）。今後、開示府令の改正を経て、有価証券報告書の記載事項として上場会社などに開示が求められていくこととなる。

2. 横滑りの模倣ではなく開示ポリシーを

みんなで飛び込めば怖くない

　話を統合報告書に戻すと、非財務情報可視化研究会の方針に見られるように、開示に関してはかなり企業の任意性を高めている。海外では各国の統合報告書に対して企業は前向きに捉え、創意工夫を凝らして積極的な開示を行っている一方で、日本企業では開示義務項目以外の情報項目の選定に対して右往左往して、他社の動向を気にしているように見受けられる。

　IIRCによる国際統合報告フレームワーク（オクトパスモデル）が登場して以

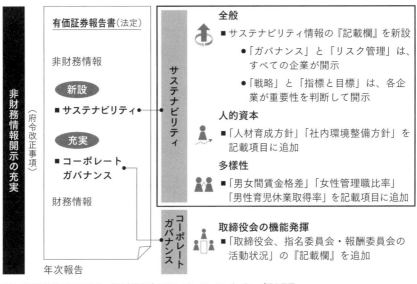

図表4-2　有価証券報告書の非財務指標の追加記載項目

有価証券報告書（法定）

非財務情報

新設
■ サステナビリティ

充実
■ コーポレート
　 ガバナンス

財務情報

年次報告

非財務情報開示の充実

（府令改正事項）

サステナビリティ

全般
■ サステナビリティ情報の『記載欄』を新設
　● 「ガバナンス」と「リスク管理」は、
　　 すべての企業が開示
　● 「戦略」と「指標と目標」は、各企
　　 業が重要性を判断して開示

人的資本
■ 「人材育成方針」「社内環境整備方針」を
　 記載項目に追加

多様性
■ 「男女間賃金格差」「女性管理職比率」
　 「男性育児休業取得率」を記載項目に追加

コーポレートガバナンス

取締役会の機能発揮
■ 「取締役会、指名委員会・報酬委員会の
　 活動状況」の『記載欄』を追加

出所：非財務情報可視化研究会　金融審議会ディスクロージャーワーキング・グループ報告概要

降、海外の統合報告関係者から、「日本は任意開示であるにもかかわらず、なぜそんなにも多くの企業が統合報告書を発行しているのか？」と不思議がられたという。

　それなのに、いまになって日本では、政官が一斉に動き出したことで外圧を感じ、情報開示が半ば強制的に受け止められ、それによる競争力学が働いてしまっているかの様相だ。そういった緊張感が発生すると、なぜか自主性が削がれてしまい、静観して周囲の動向を気にする防衛態勢に入っているかのようにも見える。

　パーティジョークと言われるものに、有名な例え話がある。ある豪華客船が航海の最中に沈み出した。船長は乗客たちに速やかに船から脱出して海に飛び込むように、指示しなければならなかった。船長は各国の乗客にこう言った。

　米国人には、「飛び込めばあなたは英雄ですよ」。

　英国人には、「飛び込めばあなたは紳士です」。

　ドイツ人には、「飛び込むのがこの船の規則となっています」。

　イタリア人には、「飛び込むと女性にもてますよ」。

フランス人には、「飛び込まないでください」。

日本人には、「みんな飛び込みますよ」。

実際に、パーソル総合研究所が2022年に実施した「人的資本情報開示に関する実態調査」では、それを物語るかのような傾向が浮かび上がる。人的資本情報の開示に関して重視する要素として、外的要素のなかで最も多かったのが、「他社の動向」と回答した77.7％で、「株価のへ反映」70.1％や、「ESG関連の格付けスコアの向上」69.4％を上回っている（図表4-3）。

他社の動向を気にする理由はどこにあるのか。これは同調査の自由記述回答の結果から推測できる。

図表4-3　人的資本情報の開示に関して重視する要素

対象：上場企業の役員層・人事部長
n＝157

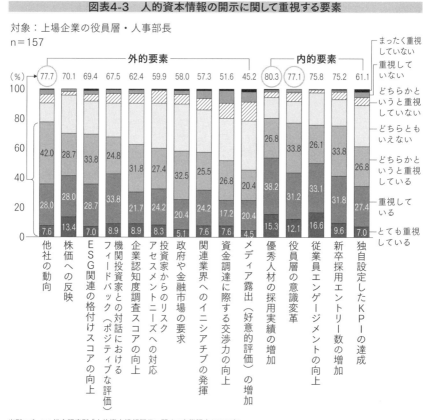

出所：パーソル総合研究所「人的資本情報開示に関する実態調査」2022年

【質問】
「人的資本情報の開示にあたっての悩ましさや懸念は何か」

(回答から抜粋)

- どこまで詳細情報を開示するか？
- 何をどこまで開示するかが見えていない
- 内容の詳細、どこまで開示するのか？
- 開示すべき指標が広範囲にわたること
- 基準が不明確
- 開示内容の深度

　要約すると、開示に関する本来の目的である「株価への影響」や「ESGスコアの向上」への関心よりも、開示する基準範囲の程度問題（広さと深さ）への関心の方が上回っているということになる。パーティジョークで言えば、自社の飛び込む方向、深さ、タイミングをファースト・ペンギン[65]、すなわち他社の飛び込む様子を見ながら従おうということだ。

　その横で米国は、自分たちが世界の先陣を切って、独自の情報を発信することでステークホルダーからの評価を得ようとする。英国は、自国が発祥のスチュワードシップ・コード（機関投資家の行動規範）に沿って、ドイツは義務化されている項目に忠実に従って、情報を開示しようとしている。

　フィギュアスケートで言えば、規定演技の練習にはすぐに取り組むが、自由演技が求められると他の選手の練習風景を観察しながら自分の演技を決める。これ自体は否定することではないし、参考になることをベンチマークして自社に取り込むことは利点も多い。しかし順番が逆である。内向きになってはいけない。

　日本人に横並び意識が強い傾向は、「和をもって貴しとなす」と聖徳太子が掲げた十七条憲法の制定以降に根づいた価値観なのだろうか。しかし聖徳太子が参考にしたと言われる『論語』は、単に和の重要性を論じているのではない。孔子が、「どんな場合でも和の心さえあれば十分だということはなく、和は大切だが一方で礼による折り目がないと、せっかくの和もうまくいかないことがある」と

---

65)　集団で行動するペンギンの群れのなかから、天敵がいるかもしれない海へ魚を求めて最初に飛び込む1羽のペンギンのこと。

言っていることからも、自分のなかに規範を持つ、つまり自社独自の考えを持つことが健全な議論を生み出し、正しい社会に導いていくことにもなる。日本企業一社一社に「礼と和」が備われば、他国にない日本企業の良さが評価されて、企業価値が高まるはずである。

開示ポリシーが大事

そのためにも、企業が自社の開示ポリシーを明確にしておくことが何をおいても重要となる。IR情報開示の方針を提示している企業は多いが、人的資本経営に照らしてもう一歩踏み込んだ自社独自の開示ポリシーとは何かをあらためて検討してみるのもいいだろう。

三井住友フィナンシャルグループの例のように、金融業として最も重要となるコンプライアンスの観点で、法令や社内規程に違反する行為を早期に発見・是正することにより、自浄作用を高めることを目的とする内部通報の実態開示などは、明快な開示ポリシーだと言える。

また、コンプライアンスだけではなく、そのような会社の誠実な開示姿勢が従業員の心理的安全性にもつながるメッセージになっていることも見すごせない。開示ポリシーあっての独自性である。

スキル・マトリックスも同じ構図

2021年6月のコーポレートガバナンス・コード改訂で、「取締役会の実効性確保」のため、各取締役のスキル・マトリックスの開示を求めることとなった。これは、各取締役の知識・経験・能力などを一覧化したもので、取締役の選任に関する方針や基準、役割と責任を明記するものと言える（図表4-4）。

この表の横軸がスキルに該当し、企業が「自社の経営戦略上の課題に照らして取締役が備えるべきスキルなどを特定したもの」という性格を有しているため、本来であれば「財務」とか「人事」「営業」といった担当組織名だけが横に並ぶのではなく、自社の戦略に連動した経営を運営できる取締役に期待する役割と責任が記載されるべきもので、人的資本情報開示と同様に正確な記載が求められる。

必要なスキルにチェックが入る取締役が不足していると、その領域に関して実現していくことが困難だとわかるチェック機能も持つ。社外取締役や監査役だけではなく、当然ながら社内取締役も対象となる。

取締役 ＼ 資質	経営全般	業界知識	国際的経験	営業販売	技術研究開発	ICT	行政経験	法務	財務会計
A	●	●	●						
B	●	●		●					
C		●			●				
D								●	
E			●				●		
F	●					●			
G									●

出所：経済産業省「コーポレート・ガバナンス・システムに関する実務指針」2017年3月
注：AからDまで＝社内取締役、EからGまで＝社外取締役

　これは決してスキル自慢ではなく、期待されているスキルは何かを表現したもので、個人名の横にチェックマークが多く並んでいるから経営能力があるというものではない。そしてこのスキル・マトリックスは必ずしも万能ではなく、経営者としてのスキル以外にも、資質や視野・視点、品性や高潔さといった、表には出ない大事な要素は測ることができない。取締役も当然ながら人的資本なのである。

統合報告書の新たな課題

　一方で統合報告書に関しては、新たな課題も見えてきた。投資家からの統合報告書に対する厳しい意見が出はじめている。「統合報告書が分厚くなって、カラーになったけど、中身が全然ない」といった辛辣な批判だ。
「人的資本経営の実現に向けた検討会」の参加者であり、ダイバーシティ研究の第一人者でもあり、本書の執筆にあたってインタビューに応えていただいた早稲田商学学術院の谷口真美教授も指摘する。「投資家は綺麗な絵が見たいわけではなく、外側を綺麗に整えて、内側まで変わったふりをする企業が増えないよう気をつけなければいけない」。
　一橋大学大学院経営管理研究科の円谷昭一教授は次のように述べている[66]。統合報告書を発行する企業が増えるにしたがって、それに伴った問い合わせも増え

ている。最も多いのは「投資家に読んでもらえないのだが、どうしたらよいでしょう」という質問だ。「誰を対象に作成していますか」と問うと、「機関投資家、個人投資家、従業員、取引先など、さまざまな対象に向けて作成している」との回答が多く、これでは内容の焦点がぼやけ、投資家が知りたい情報を集約してうまく発信できていない。

さらに指摘は続く。どの統合報告書でも巻頭に掲載されているのはトップのメッセージであるが、今期の業績や中期経営計画の説明に終始し、その企業がどこに向かっているのかという視野の広い話はまず語られていない。業績や中期経営計画は、統合報告書を読まなくても他の開示資料でわかるし、コーポレートガバナンスに関する記載内容も、その多くは有価証券報告書や株主総会資料などで知ることができる。

また、例えばPBRが低水準であったり、中期経営計画が未達成に終わったりした場合、それらに関する説明はほとんどなく、自社にとって悪い情報は掲載せずに、良いことしか書かない。失敗から何を学び、それを今後の経営にどのように活かしていくかという点こそが投資機会でもあるが、それが述べられていない。社外取締役のメッセージも企業寄りの発言が目立ち、独立した立場から厳しい指摘をしているものは限られている。

ESGに代表される非財務情報の記載も年々充実しているが、それらの情報が今後の成長や将来の利益拡大にどのように効いてくるのかが、うまく説明できていない。非財務情報がいつどのように財務情報として発現するのか、つまり「未財務情報」という視点で情報を開示していくことが求められている。

円谷教授が指摘するように、統合報告書の読み手の主体は投資家であるため、投資家が求める情報に焦点を絞ることで正しい投資を促す意義は大きい。

一方で、企業の人的資本に関する情報開示内容を吟味してくれるのは投資家だけではない。顧客、従業員、取引先、コミュニティなどのステークホルダーである。そのなかには例えば、転職を希望する人など求職者もいる。求職者が知りたい情報は、企業の優れた点をアピールするものだけではなく、人材投資額や女性や若手の管理職の登用率といった実績なのである。ちなみに、求職者がどのよう

---

66) 円谷昭一「新時代の企業情報開示（6）統合報告書に求められる視点」『日本経済新聞』2022年8月31日付朝刊

な企業情報の開示を求めているのかに関しては、第5章で詳しく取り上げる。

　しかしそうなると、的が絞れないジレンマに陥りそうだが、そんなことはないはずである。自社固有の取り組みで得た成果を装飾なく謙虚に示す内容や姿勢は、結果的に投資家以外のステークホルダーも知りたいことなのだ、そういう時代になってきたことを認識しておくことが重要である。

　本書図表2-1で示したように、ステークホルダーの関心は地球環境保護や持続可能な社会経済システムの実現の方向性に集約されつつあり、グローバル・アジェンダとなっている。その路線を踏み外した統合報告書は、今後はそもそも手にも取ってもらえないだろう。

　いずれにしても、いかに価値創造ストーリーを自社の独自性をもって株式市場で存在感を発揮できるか、あるいはESG投資の潮流に乗っていけるかという点でも、統合報告書における開示項目の選定は小さな論点に見えるようでいて、実は意外なほどにその企業価値を左右する分水嶺になることを自覚しておいた方がいいであろう。

　非財務情報可視化研究会においても、「開示項目の選択においては、他社の替え事例や各種開示基準に沿った横並び・定型的な開示事項に陥ることなく、自社のビジネスモデルを表現し、モニターするうえで必要となる独自性のある開示項目と、投資家が企業比較分析のために必要とする比較可能性のある開示項目の適切な組み合わせ、バランスを隠す確保する必要がある」と言及している。

　一橋大学大学院経営管理研究科の楠木建教授は、「良い模倣が垂直的な動きであるのに対して、悪い模倣は水平的な横滑り」と断じるが、他社の開示項目を参考にすることは構わないとしても、水平的な横滑りの模倣では独自性を失ってしまう。

　いずれにしても、自社の開示ポリシーをしっかりと明示し、ステークホルダーへの説明責任を果たすと同時に、自社の価値創造づくりを進めていくためにも、投資するに値する魅力的な活動を示していくことが肝要である。

3. 戦略としての独自性

RBVに見る戦略的独自性

　では独自性とは、そもそもどんな状態にあることを指しているのであろうか。

まず前提として言えることは、単に開示項目自体に独自性があるというだけでは成り立たないという点である。前述のように筋書きそのものが横滑りで他社と差別化できていなければ、独自性があるとは言い切れない。その結果として、開示項目が自社固有の事業戦略に資する人材投資となっているのかどうかが、最も重要な論点となる。

あるいは、経営戦略と人材戦略との連動性という点から言えば、経営戦略そのものに競争優位な条件が備わっている場合、つまり戦略に独自性がある場合は必然的に人材戦略としての独自性も備わるものであり、そうでなければ戦略だけが勝り、人や組織がそれを実行できないジレンマに陥ることになる。第2章で示した「組織は戦略に従う」である。

さらに戦略としての独自性という点に着目すれば、1991年にジェイ・B・バーニー教授が唱えたRBV（リソース・ベースド・ビュー）[67] が、人的資本経営に共通する概念である。RBVは、それまでのマイケル・E・ポーター教授などによる企業の外部環境や業界内でのポジショニングにもとづく戦略論とは異なるアプローチをとっている。

RBVは、あくまでも企業内部の経営資源に競争優位の源泉を求めており、その内部経営資源に必要な優位性とはValue（経済的な価値）、Rarity（希少性）、Inimitability（模倣不可能性）、Organization（組織）という4つの頭文字に表される（図表4-5）。

RBVが意味する独自性とは、他社が持ち得ない希少性の高い、他社が模倣できない経営資源を有していることを指す。

このRBVは、1990年代の前半では内部経営資源を、資金やテクノロジー、ブランド、拠点といった物的資源を指していた。しかし90年代中頃から後半では無形資産の重要性が明らかになるにつれて、「財務資本」「物的資本」「人的資本」「組織資本」の4つのカテゴリーに分類されると定義し、組織に属する人の行動特性やスキル、企業文化といった人的資本や組織資本にシフトしていった（図表4-6）。

RBVが「経営戦略と人材戦略との連動」のテーマとつながる好事例としては、第2章で紹介した米IBMのルイス・ガースナーの経営変革がある。RBVの研究

67）　RBV（Resource Based View：リソース・ベースド・ビュー）

図表4-5　VRIO

V	Value	顧客に何らかの経済的価値をもたらすこと
R	Rarity	調達の困難な希少なものであること
I	Inimitability	競合が模倣できないこと
O	Organization	経営資源が有機的に束ねられて組織化されていること

出所：J.B.Barney, *Firm Resource and Sustained Competitive Advantage*, 1991を翻訳

図表4-6　RBVの有効なファクターのシフト

90年代前半	90年代中～後半
有形資産	無形資産
● 資金	● 行動特性
● テクノロジー	● 企業文化
● ブランド	● スキル
● 生産拠点／営業拠点	

出所：筆者作成

がジェイ・B・バーニーによって発表されたまさにその頃、90年代に3年連続赤字の瀕死の状態から経営を引き継いだガースナーは、IBMがこれまでの30年間に蓄積してきた無形資産がIBMのなかにあると見抜き、まだ世に存在しない独自の希少性が高い経営戦略に転換、自社の有形・無形資産をインターネット技術による手法"e-business"へと活かしてV字回復を果たした。

　その際に有形資産だけではなく、リーダーシップなど人材の無形資産を詳細に把握し、新たな事業戦略に向けた新しい行動スタイルに連動させて変えていったことは前述の通りだ。まさに経営戦略と人材戦略との連動を通じた価値創造ストーリーである。

　この事例を、昨今の日本の状態に置き換えるとすれば、統合報告書にはガースナーが描いて実現させた価値創造ストーリーが記述され、非財務情報可視化研究会が提示する「開示が望ましい19項目」においては、リーダーシップや育成・スキルの領域で具体的なリーダーシップスタイル指標の変化（指示命令型からビジョン型）を明示することができ、投資家などステークホルダーを大いに納得させるものとなるだろう。

　しかしこのように鮮やかな価値創造ストーリーは、いつでもどこの企業でも展

開できるわけではない。ここではあくまでも、経営戦略と人材戦略との連動を通じた価値創造ストーリーをイメージするための一つのエピソードとして理解してほしい。

4. 開示における独自性

　では実際の統合報告書には、どのような項目が開示されているか。ディスクロージャー＆IR総合研究所が2021年11月に公表した「統合報告書分析レポート　人的資本に関する開示状況」によれば、日経225銘柄のうち統合報告書を発行した企業136社において、図表4-7のような結果となった。

　明らかなのは、女性管理職比率は8割以上の企業が開示している一方で、研修体系や従業員満足度調査の結果などの開示は3割強、経営人材の育成にいたっては2割を切っている状況である。

　ここから言えることは、単純に考えて少なくとも女性管理職比率を開示しても、よほど比率が高くなければアピールポイントにはなりにくいということである。もちろん、現時点では高くなくても、将来的に引き上げていくことを示したうえでの開示は意味をなす。施策案とセットで示すことで、投資家からの期待は

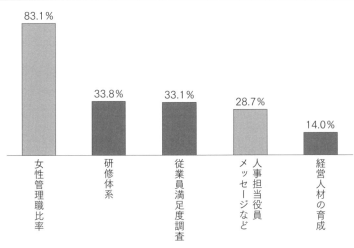

図表4-7　統合報告書における人的資本に関する開示状況

出所：ディスクロージャー＆IR総合研究所を筆者改編

高まる可能性がある。

　一方で、経営人材の育成に関しては、第6章の人事部に関する調査でも触れるが、日経225銘柄の企業においてもいまだ、十分な取り組みができていないことから、開示も積極的にはならないと推測できる。逆に言えば、経営人材の育成にしっかりと取り組んでいる企業であれば、他社との差別化はしやすく、独自性がある項目としておく意味は大きい。

　ここであらためて、開示には2つの側面があると考えたい。1点目はどの項目を選択するかという「開示事項」、もう一つはその開示事項の状態や成果を示す「実証性」である。

- 「開示事項」としての独自性
- 「実証性」としての独自性

　例えば「開示が望ましい19項目」から選ぶとして、開示事項とは、リーダーシップ領域における後継者有効率、後継者カバー率、後継者準備率などが該当する。育成領域では、研修時間、研修費用、研修参加率、研修と人材開発の効果などがある。ちなみに、非財務情報可視化研究会は開示の独自性に関して、次のように在り方を提示している。

「企業のビジネスモデルや競争優位の源泉が多様化するなかで、比較可能な情報のみで企業の経営戦略や人材戦略を表現することはできない。企業は自社の戦略や取組を説明する独自の開示事項を検討することが必要となる。例えば、研修やスキル向上のためのプログラムは、多くの投資家が関心を持つ項目である一方、各社のビジネスモデルや求める人材像に応じて内容は大きく異なる。自社固有の経営戦略・人事戦略と具体的な研修やスキル向上プログラム等を統合的なストーリーの中で結びつけながら、自社の目標や指標等を示していくことが重要である」

「企業は、自社固有の人的資本への投資や人材戦略を表現し、モニターする上で必要となる独自性のある開示事項と、投資家が企業比較分析のために必要とする比較可能性のある開示事項の適切な組合せ、バランスを確保する必要がある」

　そして、その例示を図表4-8に示しているが、これが自社固有の独自性を言い表すガイドラインであるとは言いがたいため、参考にはならない。特に定量情報

A社は、統合報告書において、人材育成により目指す姿を図示したうえで、人材育成にかかる定量情報を記載。さらに、デジタル人材・グローバル人材育成のための研修内容・実績を記載

目指す姿	● 「目指す社員像」と「目指す職場像」を関連づけたうえで、それを支える「能力開発を支える仕組み（研修・自己研鑽）」と「組織の活性化」を図示
定量情報	● 教育訓練投資額、社員一人当たりの研修時間など
研修内容・実績	● デジタル人材研修：デジタル研修（大学と連携）、システム×デザイン思考研修 ● グローバル人材研修：海外派遣研修、グローバルトレーニー、海外拠点雇用社員の出向

出所：非財務情報可視化研究会

や研修内容・実績に関しては、おそらく多くの開示企業が足並みを揃えてくる必要最低情報であって、その比較においてはもはや独自性として機能しなくなるため、より一層のアドバンテージが期待される。

独自性の死角

　前者はIBMの事例で言うところの価値創造ストーリーの文脈から導き出されるものであるが、開示項目の独自性に関しては、意外な死角が存在していることに気がつく。

　独自性というのは自社基準でその有無を判断しがちであるが、必ずしも自社の強みとして認識して可視化が図られていないにもかかわらず、特に海外の投資家から見れば高い評価につながり得る開示事項がある。これに関しては、非財務情報可視化研究会においても触れられている。

　例えば、労働安全衛生に関する開示事項（労働災害の種類、発生件数・割合、死亡数など）は、日本企業が海外企業と比べて優秀なスコアになることが見込まれるのは、これまでの実績から言えば確かだ。海外でも複数の開示基準に位置づけられており、投資家からの開示要請も高い事項と考えられている。労働安全衛生の確保のために日本では当たり前のように行われている取り組みも、海外から見れば驚くほど先進的と感じられることがある。

他に例えば、ISO30414に位置づけられている「後継者有効率」の指標は、日本企業の方が海外企業よりも高くなることが想定される。海外では後継者候補を外部から採用するケースの割合が高く、内部昇進者が少ない傾向との相対的な対比からである。

　日本の特徴である新卒一括採用やメンバーシップ型の雇用が、人的資本の多様性や競争力の観点からネガティブな側面と捉えられることも多い一方で、戦略的かつ競争的な人材育成が図られていれば、外部採用と比して経営の安定性や継続性の観点からポジティブな評価要素にもなり得るからだ。

　同様に「後継者準備率」も日本企業は相対的に高くなる。この指標は後継者のパイプラインの充実ぶりを示すもので、主要なポストに対してどれだけ「承継」できる準備が整っているかが問われる。プロ野球で言えばピッチャーなどの主要ポジションに対して、来季以降を見据えた一軍の控え選手、二軍・三軍の成長過程にある選手をじっくりと育てながら見極めていくことができるのは、人本主義で培われた日本の組織風土とも合致している。

　海外において、とりわけ米国ではプロ野球もビジネスも、人材の流動化が機能しているため、将来的に活躍が見込める選手は毎季ごとに年棒交渉のうえで獲得する慣習が備わっている。

　人材の流動化が進んでジョブ型雇用が定着すれば日本のタレントマネジメントも欧米化することが予想できるが、監督やコーチなどの指導陣も含めたチーム全体の将来を見据えた長期的なタレントマネジメントを実践している日本企業は、海外投資家から見て魅力的だ。

　ただしこれは、企業格差が大きい。後述のように人材データの蓄積や人材の潜在力を発掘できる人材データの蓄積や活用ができていなければ、経験や勘だけで将来の有能な人材を発掘して育成するタレントマネジメントは実現できない。

　いずれにしても、これらは自社の「強み」と認識していないため、「可視化されていない強みを再認識してアピールする」ことも視野に入れておくことは、人的資本の可視化を検討するうえでも有効なアプローチであることは間違いない。自社の隠れた強みを発掘する方法として確立されたものはないが、意外と身近なところから発見する例は多い。

　端的に言えば組織内部に長くいる人には困難だということだ。「井の中の蛙」と同じで、外部比較する視点がないと、希少性がある、他者には真似できないと

いった基準や価値観は生まれてこない。他社から転職してきた人、あるいは退職して他社で働いている人、外部パートナーなど、自社との比較ができる視点を持つ人の情報は、発掘の好材料である。

HRデータによる実証

ESG投資において、機関投資家からの要望は、「ESG投資への取り組みとリターンとの結びつきを定量的かつ独自性のあるプロセスで説明してほしい」というものである。人的資本も同様で、ひと言で言えば開示内容が自社固有の確かな筋書きにもとづいて定量的に把握できているかどうかである。特にリターンの確からしさが重要となる。

それゆえに、開示項目におけるもう一つの側面である「実証性」についてはそれを客観的に納得性のある指標として示すことが期待されるが、これがとても悩ましい。

例えば、育成領域における研修費用や研修参加率はカウントしやすく、簡単に明示できる。しかし実施した研修がその投資効果として、どのくらい成果につながったのかを実証することは、因果関係がはっきりしない限りは難しい。一方で投資家は、今後の投資判断をするうえで知りたい貴重な情報となる。それを実証するために欠かせないのが、HRデータによる定点観測の実施である。

単年度の統合報告書で実施した内容を提示するだけではなく、中長期的スパンで人材投資の成果を観測して、その効果性を提示することに意味と価値がある。そのためにはHRデータを上手に活用するHRテックが欠かせない。人材に関するさまざまなデータを蓄積しない限り、効果測定もかなわない。

しかしデータ蓄積はいますぐにできることではないし、費用対効果の測定、KPIの設定と達成率の把握、KPIと企業価値との関連性の定量化は難度が高い。

それを実現しているのが例えばエーザイであろう。同社のCFOであった柳良平氏が独自に開発した価値創造モデルである（図表4-9）。柳氏は会計上の簿価純資産を財務資本と捉えて、時価総額のうち簿価純資産を超える（PBRが1.0倍を超える）分を、人的資本など非財務資本が生み出した「市場付加価値」と定義している（本書図表1-4）。IIRCのフレームワークとPBRとをリンクさせていることから、「IIRC-PBRモデル」と表現している。ちなみにエーザイは統合報告書のことを、2022年からは「価値創造レポート」と言い換えている。

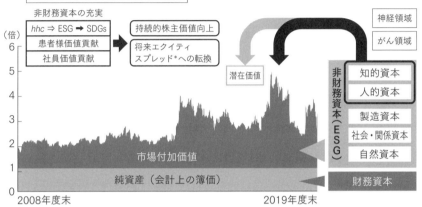

図表4-9　エーザイの財務戦略とESG-価値関連性モデル

● IIRC-PBRモデル（企業価値を構成する6つの資本の価値関連性）
　〜純資産（会計上の簿価）は財務資本と、市場付加価値は非財務資本とそれぞれ関係する〜

ESGを含む非財務資本が長期的な株主価値を向上
PBRが示唆する非財務資本による付加価値創造

PBRの推移（2008年度末〜2019年度末）

非財務資本の充実

$hhc ⇒ ESG → SDGs$
患者様価値貢献
社員価値貢献

持続的株主価値向上
将来エクイティ
スプレッド*への転換

潜在価値

神経領域
がん領域

知的資本
人的資本
製造資本
社会・関係資本
自然資本

非財務資本（ESG）

市場付加価値
純資産（会計上の簿価）
財務資本

2008年度末　　　　　　　　　2019年度末

* ROE（親会社所有者帰属持分当期利益率）－株主資本コスト（エーザイでは8％と仮定）
出所：エーザイ「統合報告書2020」

　柳氏はESGに関連する100個ほどあるKPIについて、約10年さかのぼってデータサンプルを収集し、データがPBRにどのように効いているのか、遅延浸透効果を考慮しながら非財務データと財務データとの相関性を分析している（図表4-10）。

　その結果として、人件費や女性管理職比率、障がい者雇用率、健康診断受診率など、人財に関するKPIの多くは、PBRに対して正の相関関係が認められたという。研究開発費に関しては10年以上の期間を通じて正の相関が証明できたという（図表4-11）。

　エーザイ同様に、非財務指標がPBRに影響を与えたことを実証している企業がNEC（日本電気）である。部長級以上の女性管理職と従業員一人当たりの研修日数をそれぞれ1％増やすと、PBRがそれぞれ7年後に3.3％増加、5年後に7.24％増加するとしていると、2021年12月のESG説明会で発表している（図表4-12）。

　これらの実証研究は、あくまでもエーザイやNECという企業による自社内実

図表4-10　エーザイの連結PBR（対数変換）と有意な正の相関関係を持つESGのKPIの明細

	ESG KPI	遅延浸透効果（何年後に相関するか）	回帰係数	t値	p値	自由度修正済み決定係数	データ観測数	
社会・関係資本	調剤薬局　お取引先軒数（単体）	0	3.30	4.55	0.001	0.70	12	
人的資本	障がい者雇用率（単体）	10+	3.35	4.25	0.003	0.72	11	p<0.01
人的資本	人件費（連結）	5	1.38	4.40	0.003	0.75	10	
人的資本	健康診断受診率（単体）	10	38.57	3.26	0.012	0.61	11	
知的資本	医療用医薬品　承認取得品目数（国内）	4	0.25	3.13	0.017	0.61	10	
人的資本	女性管理職比率（単体）	7	0.24	2.96	0.018	0.56	11	
人的資本	管理職社員数（単体）	10+	3.14	2.94	0.019	0.56	11	
社会・関係資本	薬局等　お取引先軒数（単体）	4	0.48	2.93	0.019	0.56	11	
知的資本	研究開発費（連結）	10+	0.82	2.90	0.020	0.55	11	p<0.05
社会・関係資本	hhcホットライン　お問合せ数（単体）	5	1.08	2.88	0.021	0.55	11	
人的資本	育児短時間勤務制度利用者数（単体）	9	0.33	2.89	0.023	0.57	10	
知的資本	研究開発費（単体）	10+	0.88	2.78	0.024	0.53	11	
人的資本	EMEA　従業員数	9	0.33	2.75	0.025	0.53	11	
人的資本	アメリカス従業員数	10	0.29	2.70	0.027	0.52	11	

出所：エーザイ「統合報告書2020」

図表4-11　エーザイのESGと企業価値の実証研究

エーザイのESGと企業価値の実証研究

感応度分析（信頼区間95%における平均値試算）

人件費投入を1割増やすと5年後のPBRが13.8%向上する

研究開発投資を1割増やすと10年超でPBRが8.2%拡大する

女性管理職比率を1割改善（例：8%から8.8%）すると7年後のPBRが2.4%上がる

育児時短勤務制度利用者を1割増やすと9年後のPBRが3.3%向上する

エーザイのESGのKPIが各々5〜10年の遅延浸透効果で
企業価値500億円から3,000億円レベルを創造することを示唆

出所：エーザイ「統合報告書2020」

図表4-12　非財務指標がPBRに影響を与える影響の分析

財務指標
（企業活動の結果）

影響

非財務の取り組み
製造資本　知的資本　人的資本
自然資本　社会関係資本

ABeamと連携し非財務指標
NECグループ内
平均7.34年分のデータ **273個**分析

分　析

25個の非財務指標が
財務指標（PBR）の向上に貢献

特に多くの指標で相関が見られたのは
人的資本に関する指標

人的資本に関する指標	財務指標
部長級以上の女性管理職数を1%増やす	7年後のPBRが3.3%向上する
従業員一人当たり研修日数を1%増やす	5年後のPBRが7.24%向上する

出所：NECのESG説明会（2021年12月10日）資料をもとに作成

証に他ならず、同業他社でこの相関関係が適応するところはない。あくまでもエーザイやNECによる独自のメソッドである点に注意したい。

エーザイの場合に、相関関係が妥当なレベルで揃うのに要した期間が10年だったことを考えると、データ実証の準備に早く着手しなければならない。そして、そもそも手元にデータがない、あるいは一元管理ができていないとなると、データの整備やHRテクノロジーの構築に多くの時間と予算を投じなければならない。

先行指標の開示

将来業績を占う指標として、先行指標というものがある。例えば景気動向を占うときに、実際の景気の浮沈に先んじて上下動する景気動向指数のことで、代表的な指標に、新規求人数や新設住宅着工床面積、東証株価指数などがある。人的資本ではバリュー・プロフィット・チェーンや先に挙げたBSCがそれにあてはまるであろう。

前者は、「ES（従業員満足度）[68] ➡ CS（顧客満足度）[69] ➡ RV（収入）[70]」という方程式で表せる（図表4-13）。

例えば東京ディズニーランドを運営するオリエンタルランドは、来園するゲストの満足を高めるためサービスを提供するキャストの満足度を高めることで、来園者がファンとなって何度も継続的に来園してくれるリピーターが増え、結果的

図表4-13　バリュー・プロフィット・チェーン

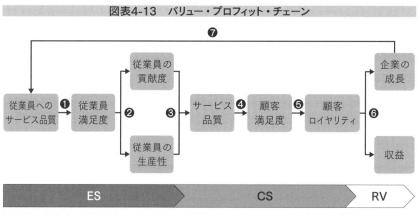

出所：James L. Heskett & W. Earl Sasser Jr., *Putting the Service-Profit Chain to Work*, 1994を翻訳して改編

図表4-14　オリエンタルランドのPBR推移

出所：柳良平編著『ROE経営と見えない価値—高付加価値経営をめざして』中央経済社から抜粋

に業績を高めていく循環が生まれ自社の企業価値を高めている（図表4-14）。

　将来業績の見通しはゲストの顧客満足度の動向を見れば予測が立てやすく、その顧客満足度を高める要因である従業員満足度との間に強い相関関係が存在していることが実証できていれば、キャストの従業員満足度を先行指標として情報開示することによって、投資家は将来予測を立てながら投資の判断をすることができる。ただし、ここに掲載しているオリエンタルランドのPBR推移とサービス・プロフィット・チェーンとの関係は、あくまでも本書の仮説的な説明であって、同社が実証して開示しているものではない。

HRテクノロジー活用で二極化

　本書図表2-14でも示したように、パーソル総合研究所による調査では、人事情報の一元管理ができている企業は「戦略人事」、すなわち人材戦略と経営戦略との連動が実現できている傾向が見られることを紹介した。

　そしてさらに調査結果を分析していくと、実はHRデータを使いこなしたり、データを重視した意思決定をしたりといったHRテクノロジーが戦略人事につな

---

68)　ES（Employee Satisfaction：従業員満足度）
69)　CS（Customer Satisfaction：顧客満足度）
70)　RV（Revenue：収入）

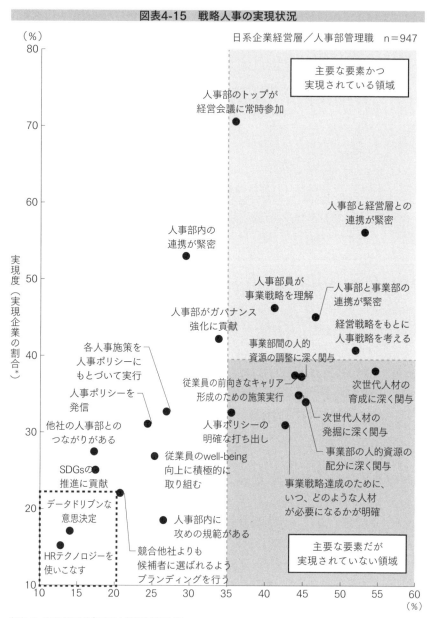

図表4-15 戦略人事の実現状況

（％）

日系企業経営層／人事部管理職　n＝947

80

主要な要素かつ
実現されている領域

70

人事部のトップが
経営会議に常時参加

60

人事部と経営層との
連携が緊密

人事部内の
連携が緊密

50

人事部員が
事業戦略を理解

人事部と事業部の
連携が緊密

人事部がガバナンス
強化に貢献

経営戦略をもとに
人事戦略を考える

40

各人事施策を
人事ポリシーに
もとづいて実行

事業部間の人的
資源の調整に深く関与

従業員の前向きなキャリア
形成のための施策実行

次世代人材の
育成に深く関与

人事ポリシーを
発信

次世代人材の
発掘に深く関与

他社の人事部との
つながりがある

30

人事ポリシーの
明確な打ち出し

事業部の人的資源の
配分に深く関与

SDGsの
推進に貢献

従業員のwell-being
向上に積極的に
取り組む

事業戦略達成のために、
いつ、どのような人材
が必要になるかが明確

データドリブンな
意思決定

20

人事部内に
攻めの規範がある

HRテクノロジーを
使いこなす

競合他社よりも
候補者に選ばれるよう
ブランディングを行う

主要な要素だが
実現されていない領域

実現度（実現企業の割合）*

10

10　　15　　20　　25　　30　　35　　40　　45　　50　　55　　60
（％）

出所：パーソル総合研究所「人事部大研究調査」2021年
＊「十分にできている」「ある程度できている」回答企業割合

がることを認識している企業が極めて低いことが明らかになった（図表4-15）。

そうなると当然ながら、HRテクノロジーによる実証ベースの価値創造ストーリーを描くことは難しく、投資家として人的資本への大胆な投資は見送られて、費用対効果の実証がわかりやすい物的資本へと優先順位を変えられてしまう可能性もある。

価値創造ストーリーを具現化していくことを示す存在としての統合報告書が今後さらに普及していく過程において、エーザイのように実証研究を独自に突き進めていく企業と、これからデータを収集することからスタートする企業との二極化が進む可能性がある。

人的資本の情報開示は世界に問う試金石

いずれにしても、人的資本の情報開示はアジャイルに革新を続けていく時代に、日本がかつて有した人材の潜在力を呼び覚まして、世界に通用するのかどうかを問う試金石になるであろう。

海外追随による横滑り模倣、政官指導による規定演技に陥ることなく、人的資本情報の開示を契機に自社の人材力に関して投資家をはじめとするステークホルダーと真摯な対話を続け、株式市場から貴重なフィードバックを得ることで、日本企業が復活する道標となるのは間違いない。しかし、そこでは優勝劣敗がはっきりするであろう。

本章のポイント

◉統合報告書は企業の価値創造ストーリーを具現化するもの

◉重要なのは開示ポリシーの存在

◉RBVに見る戦略そのものの独自性が問われる

◉自社が有する独自性は死角のなかにも存在する

◉HRデータによる実証性をどこまで高めていくかが重要

◉HRテクノロジー重視が人的資本経営に独自性をもたらす

第5章

データと本音で解き明かす 本当に必要な対応

　前章までは、人的資本経営に関する歴史的経緯と最新の動向を通じて見えてくる課題と進むべき方向性を中心に話を進めてきた。本章では、これまでにも要所で取り上げてきた、パーソル総合研究所の「人的資本情報開示に関する実態調査」のデータを通じて見えてくる、人的資本経営に取り組もうとする企業の経営者、人事責任者の実像と、ステークホルダーである求職者の意向、加えて自由回答に見られる当事者としての本音を知ることで、「あるべき論」ではない本当に必要な対応を、正面から受け止めながら提示することを試みる。

　実態調査とは、人的資本経営に取り組んでいる、あるいはこれから取り組もうとする企業の経営者、人事責任者[71] に対して2022年に実施したパーソル総合研究所の「人的資本情報開示に関する実態調査」（以降、第1回調査）、および求職者[72] を対象とした「人的資本情報開示に関する実態調査　第2回」（以降、第2回調査）である。

1. 非上場企業も人的資本情報の開示に関心

　第1回調査の結果において、ある意味で意外な傾向が見出された。それは人的資本の情報開示に関して、上場企業に限らず非上場企業においても、優先度が高いテーマであることだ。上場企業では議論がなされている度合いが56.1％だったのに対して、非上場企業においても40.2％あり、社会的義務に応えようとす

71）　従業員数1,000名以上の上場企業の役員層（取締役・執行役員）、人事部長と非上場企業の役員層（取締役・執行役員）、人事部長。
72）　1年以内の転職を検討している社会人（正社員）、2024年春に就職予定の学生（大学生・大学院生）。

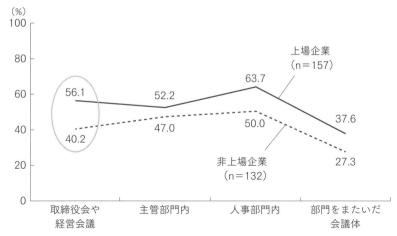

図表5-1　人的資本情報やその開示に関する社内の議論（上場企業と非上場企業の比較）

出所：パーソル総合研究所「人的資本情報開示に関する実態調査」2022年
注：数値は、最優先事項として議論されている＋優先度高く議論されている回答割合

る意図だけでなく、人的資本経営を自主的に志向している姿勢が見られた（図表5-1）。

　この傾向が今後もずっと続いていくとすれば、日本企業がこの30年で重視してきた設備投資などの有形資産だけでなく、ヒトなどの無形資産を重視しようとする傾向が、大企業のみならず日本企業の99％以上を占める中小企業にも見られるとすれば、その動向は日本経済の底上げに影響するため、見逃せない。

　しかし、調査を実施した時点では、ISOなど標準化された開示項目やガイドラインを意識した開示を行っている企業は、決して多くはないことから、まだ興味関心を持ち議論を始めたばかりの段階にあると言える。

2. 主幹部署は人事部門だけではない

　人的資本情報開示を取り扱う主管部署が企業内のどこにあるかを聞いたところ、役員層の54.2％、人事部長の61.5％が「人事部門」と回答し、役員層では、経営企画部門が24.6％、広報・IR部門が11.9％との回答も見られた（図表5-2）。

　人事部門が主体となるのは相当であるが、第2章でも示したように、「経営戦略と人事戦略の連動」においては人事部門だけでなく、経営戦略をつかさどる経

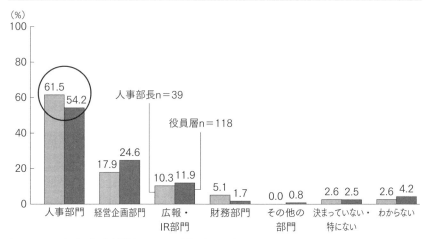

図表5-2　人的資本情報開示の主管部署

(%)

- 人事部門: 61.5 / 54.2
- 経営企画部門: 17.9 / 24.6
- 広報・IR部門: 10.3 / 11.9
- 財務部門: 5.1 / 1.7
- その他の部門: 0.0 / 0.8
- 決まっていない・特にない: 2.6 / 2.5
- わからない: 2.6 / 4.2

人事部長n＝39

役員層n＝118

出所：パーソル総合研究所「人的資本情報開示に関する実態調査」2022年

営企画部門やIR部門、財務部門、事業企画部門との連携が重要であることは、KDDIの白岩氏やボストン コンサルティング グループの竹内氏が言及している通りである。人事部門だけで孤軍奮闘するのではなく、主要部門による協働体制で価値創造ストーリーづくりに臨むことが、人的資本経営を盤石にする定石となるだろう。

3. 重視するのは株価上昇よりも「内向き」な視点

　本来であれば、人的資本の情報開示を重視する目的は、「株価への反映」や「ESG格付け向上」といった投資家からの評価であるはずだ。しかしパーソル総合研究所の調査では、それ以上に「優秀人材の獲得」や「役員の意識改革」といった点に関心が向けられていることがわかった。

　上場企業の役員層・人事部長に対して、人的資本情報の開示に際して重視する要素を確認したところ、最も関心が高かったのは「優秀人材の採用実績の増加」（80.3％）。次いで「他社の動向」（77.7％）、「役員層の意識改革」（77.1％）であった（本書図表4-3）。その3つの要素のうち「他社の動向」についてさらに詳細に見ると、階層別では役員層75.4％に対して人事部長は84.6％で、関心が高か

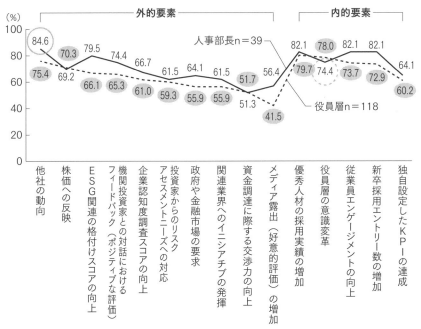

図表5-3 人的資本情報の開示に関して重視する要素（役員層と人事部長の比較）

出所：パーソル総合研究所「人的資本情報開示に関する実態調査」2022年

った（図表5-3）。

　人的資本情報の開示に向けては、独自性につながる自社らしさを議論しつつ、必要なデータを蓄積・整理していく必要があり、準備には一定の時間を要する。また、人的資本情報開示への取り組みを通じて得た気づきや学びを活かした改善活動内容を、積極的に開示していくことに意味がある。データの蓄積や精査、他社動向などを慎重に見極める姿勢は理解できるが、まずは情報を開示することで始まる対話が重要あることは、あらためて強調しておきたい。

　情報開示が役員層の意識変革へのきっかけとなることを期待する向きがいるのもうかがえるが、開示という外圧を通じてしか意識改革が促されないのでは、そもそも危機感が欠如しているとも言える。

　実際に筆者が支援する東証プライム市場企業の人事部長からは、自社の社長や経営陣に対して人的資本経営の件で相談や提案をしても、一時的なブームや他人事としか捉えようとせず、苦労するという話を耳にする。しかも1社や2社の数

ではない。

　この話は、軽く受け流してはならない、由々しき現実を映し出している。いずれにしても、情報開示を株価や外部スコアといった本来の外的要素よりも、社内の意識か変革やエンゲージメント向上といった内向きになりがちな要素に関心がある点は、大いに懸念される。

4. 求職者が企業情報を求める手段

　関心が高かった「優秀人材の採用実績の増加」への期待に関しては、第2回調査との対比でより明らかになるものがある。1年以内の転職を検討している社会人（正社員）に、転職先の検討に使用する情報源を聞いている（図表5-4）。

　それによれば、転職の主な情報源は、「転職サイトの情報」（61.3%）、「会社のホームページ」（55.5%）、「転職／採用エージェントからの情報」（44.9%）で、人的資本情報の開示媒体として注目されている有価証券報告書や統合報告書の比

図表5-4　転職先の検討に使用する媒体・ツール

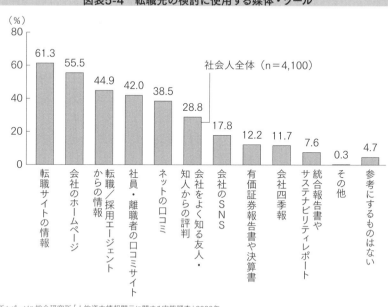

出所：パーソル総合研究所「人的資本情報開示に関する実態調査」2022年

図表5-5　転職先の検討に使用する媒体・ツール（優秀人材と社会人全体の比較）

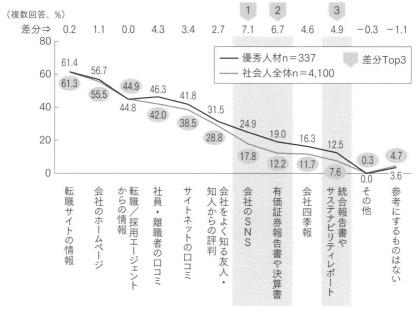

出所：パーソル総合研究所「人的資本情報開示に関する実態調査」2022年

率は低かった（「有価証券報告書や決算書」は12.2%、「統合報告書やサステナビリティレポート」は7.6%）。

　これだけ見ると、人的資本情報を正式に開示する有価証券報告や決算書、統合報告書やサステナビリティレポートは、求職者にはまだリーチできていないことがわかる。しかし優秀人材[73]においては、全体の傾向は同様であるが、「会社のSNS」「有価証券報告や決算書」「統合報告書やサステナビリティレポート」を情報源とする比率は高く、一般の社会人全体との差が確認された。

　優秀人材は手軽に入手できる情報だけに頼らず、ひと手間かけてでも自主的に興味がある企業の公式な情報を得て判断しようとしており、客観性と主体性を備えたそのような人材こそ、企業が望む人材なのであろう（図表5-5）。

73）　現在勤めている会社での評価が高くかつ昇格のスピードも速い人（自己評価）。

5. 求職者が知りたい人的資本情報

　求職者が転職を検討するうえで関心を抱く、企業の人的資本情報に関しては、非財務情報可視化研究会の「人的資本可視化指針」が提示する開示事項例の19項目で聞いてみた（図表5-6）。

　社会人全体で最も関心が高かったのは「福利厚生」で88.6%、次いで「賃金の公正性」（84.8%）、「精神的健康」（79.1%）、「安全」「コンプライアンス／倫理」（いずれも78.4%）であった。追加で聴取した「休暇」は91.6%、「賃金」は88.8%といずれも高く、求職者の根源的な関心を反映した結果と考えられる。

**図表5-6　人的資本情報開示項目への関心度／
価値向上とリスクマネジメントの観点（優秀人材と社会人全体の比較）**

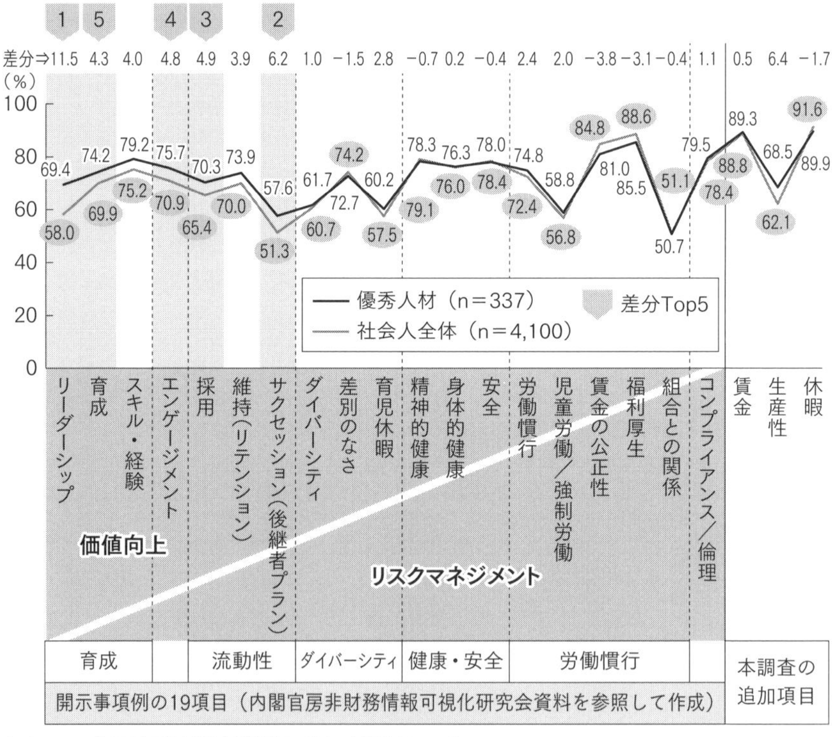

出所：パーソル総合研究所「人的資本情報開示に関する実態調査」2022年

また、人的資本可視化指針が指摘する2つの観点「価値向上」と「リスクマネジメント」では、「リスクマネジメント」要素に関心が集まる傾向が確認された。他方で、優秀人材については、「リーダーシップ」「サクセッション（後継者プラン）」「採用」「エンゲージメント」「育成」への関心が相対的に高い傾向が確認された。優秀人材は、「価値向上」の観点をより注視していることがうかがえる。

　優秀人材を性別で比較すると、男性は「リーダーシップ」「サクセッション（後継者プラン）」「採用」、女性は「差別のなさ」「ダイバーシティ」「福利厚生」への関心が相対的に高かった（図表5-7）。

　なお、求職者が知りたい企業情報として最近注目され、実際に活用されているのが、「OpenWork（オープンワーク）」という国内最大規模の転職や就職のための情報プラットフォームだ（図表5-8）。企業の実態を「待遇面、志気、風通しの

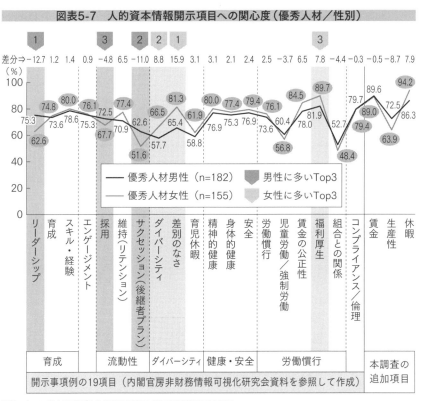

図表5-7　人的資本情報開示項目への関心度（優秀人材／性別）

出所：パーソル総合研究所「人的資本情報開示に関する実態調査」2022年

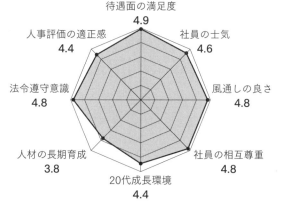

図表5-8　社員による会社評価スコア

待遇面の満足度
4.9

人事評価の適正感
4.4

社員の士気
4.6

法令遵守意識
4.8

風通しの良さ
4.8

人材の長期育成
3.8

社員の相互尊重
4.8

20代成長環境
4.4

総合評価　4.75
回答者：84人

残業時間（月間）　24.8 h
有給休暇消化率　78.7 %

出所：OpenWork　グーグル合同会社の例

良さ、社員の尊重性、成長環境、人材の長期育成、法令遵守、人事評価」という8つの項目からスコアリングしている。

その企業の在籍者や離職者からの「信憑性の高い口コミ」を前提に公開しているため、企業側が自社の魅力を一方的に伝えるような情報にはない、本音による生の姿を知ることができるため、求職者にとっては入社後の期待値ギャップを未然に防ぐメリットがある。一方で企業側にとっても、このようなサイトを活用して自社の真の姿を開示することで、効果的に伝えられるメリットもある。もちろん評価が高くなければ逆効果ともなり得る。

いずれにしても、情報開示の在り方を考えるうえでは、このような新しいメディアやメソッドを効果的に使う知恵や戦略的思考があると、自社の独自性を発揮するには有効であろう。

6. 開示にあたっての本音

第1回の調査では、自由記述による解答も試みた。そこから経営層や人事部長の情報開示に対する悩ましさや懸念を物語る本音も明らかになったことは、第3章でも伝えた（図表3-12）。さらに具体的に見ていくと、開示にあたっての悩ましさや懸念に関して最も多かった回答内容が、「理想と現状とのギャップ、実績

や達成度の低さ」に関してであったが、その真意や本音は次のようなことである。

【質問】
「人的資本情報の開示にあたっての悩ましさや懸念は何か」

（回答から抜粋）

理想と現状とのギャップ、実績や達成度の低さ
- 総論ではいろいろ開示できる項目はあるが、各論では成果が上がっておらず、開示にインパクトがない
- 実態と理想に乖離がある
- 目標は掲げているが達成できていない
- 離職率の高さも公表しなければならない
- ダイバーシティの推進が遅滞している
- 人材育成への投資が不十分である
- 実態がなかなか改善されず良くない数値だけが一人歩きし、正解がない

　しかしこれらは、第3章で伝えた通り、投資家は必ずしも現在のパフォーマンス結果を評価して投資しようとしているのではないということだ。

　他社と比較されたら劣位になることが理由で、成果が出ている無難な項目だけを開示しても、他社と同じような項目を並べることになり、投資先として特筆すべき魅力にはならない。未達成である課題を真摯に受け止めて、その課題を解決するために取り組んでいることを示すことの方が、よほどその誠実さとこれからの期待に評価が集まる。目先だけの消極的な姿勢で臨むのであれば、開示をしない方が株主と企業の双方にとっても健全ではないだろうか。

　次に、開示にあたっての悩ましさや懸念に関して多かった回答内容が、「開示内容の範囲や深さ、切り口」であるが、これは第4章で具体的に記述しているので、あらためて確認してほしい。

　3つ目に多かった回答内容が、「社内の意識改革、連携、意思統一」に関してである。

社内の意識改革、連携、意思統一

- 社内意識と社外状況、変化のギャップまだ大きい
- 社内、部門内の抵抗
- 部署を超えた連携の弱さ
- 社内の意思統一のなさ
- 人事部門との認識の統一のなさ

これこそは前述のように、人事部門だけが現場に働きかけて推進するだけではなく、主要部門による協働体制で現場の部門トップに、例えば開示によって長期的に優秀人材の獲得が可能となるといったメリットを伝え、協力を取り付けていくしかない。あるいは現場の部門にHRBPや事業人事が置かれていれば、ともに人的資本施策に関して少しでもいいので議論する機会をつくって、少なくとも抵抗する力を軽減するところまでは持っていきたい。

定量化の難しさ

4番目に多かった「定量化の難しさ」に関しては、以下の回答があがっているが、これらの解決策に「飛び道具」はなく、前章で伝えたようにHRデータによる実証性をどこまで高めていくかといった、HRテクノロジーへの取り組みを地道に行っていくしか方法はない。

- 経営戦略と連動した人材戦略が機能しているかどうか、定量的指標を用いて「見える化」することが悩ましい
- 定量化ができていないため無形資産の価値の位置づけが明確にできていない
- 賃金とのリンクが難しい
- 数値化できない情報をどのように開示するか

7. 人的資本情報開示の最適解

ここまで、人的資本情報開示に関する調査結果から見えてくる実態を追ってみた。情報開示に関する熟達度は、投資家を除いて企業側も求職者などのステークホルダー側も、まだまだ発展途上の段階にある。今後は開示を重ねていくことで、ステークホルダーの反応から学ぶべきことがあるはずだ。自社の人材戦略に

沿った適切な開示項目の選定と開示、それに伴うフィードバックの質と量の充実が、開示の悩ましさや懸念を解消するための早道でもある。開示後にステークホルダーからのフィードバックを求める積極的なアクションが、自社の企業価値向上につながる最も重要な決め手となるであろう。

とは言っても、現時点では人事実務者は、「それで、結局何をどうやればいいのか」というモヤモヤした気にもなるであろう。本書で取り上げてきた国内外の数々のフレームワーク、指針などを参考にして人的資本経営に着手しようとしても、決め手に欠けるのが実際のところだ。

しかも人的資本領域は、従来にはなかった新しいテクノロジーが突然生まれる他の領域とは異なり、これまでの延長線上にあるからこそ、スタートラインが引きにくい。どこから着手すればいいのか悩ましいが、一方で上場する企業にとっては人的資本情報に関する開示は避けられない。

鳥の目と虫の目のBSC

統合報告書が、各企業の取り組む人的資本経営の内容を集約した重要な位置づけにあることは何度も触れてきたことであるが、一方でステークホルダー、特に機関投資家は多くの報告書に目を通すため、分単位で内容を理解して第1次スクリーニングをしている。その瞬間的な判断に必要な情報は冗長なものではなく、1枚で理解できるものである。IIRCのオクトパスモデルは、グローバルなデファクトフレームワークとしてその意図を表現したものである。国内では価値協創ガイダンスや伊藤レポートがある。

しかし、情報開示の項目を決める最初の段階から、「鳥の目」でこれらのフレームワークを完成度高く描くことは容易ではない。経営企画などの専門部署が扱うのが妥当だが、いくら人事部門に戦略人事の構想を期待したとしても、範囲が広すぎる。また記載事項が多く、それぞれの関係性を理解させる伝達能力が決して高いとは言えないものだ。したがって、第一線で活躍する現場のマネジャーの腹にも、求職者の腹にも落ちない。

一方で、いきなり「虫の目」となる開示項目の選択に目を奪われると、肝心な経営戦略とのつながりが疎かになる。

こういう場合はまず、鳥の目と虫の目の中間あたりを見つめていくことが肝要であろう。本来であれば、まずは鳥の目で全体観を描いたうえで、虫の目まで各

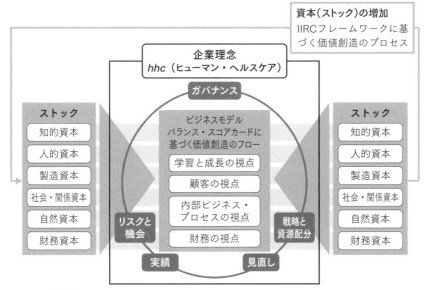

図表5-9　エーザイの価値創造プロセス

資本（ストック）の増加
IIRCフレームワークに基づく価値創造のプロセス

企業理念
hhc（ヒューマン・ヘルスケア）

ガバナンス

ビジネスモデル
バランス・スコアカードに
基づく価値創造のフロー

学習と成長の視点

顧客の視点

内部ビジネス・
プロセスの視点

財務の視点

リスクと
機会

戦略と
資源配分

実績　　見直し

ストック

知的資本

人的資本

製造資本

社会・関係資本

自然資本

財務資本

ストック

知的資本

人的資本

製造資本

社会・関係資本

自然資本

財務資本

出所：エーザイ「統合報告書2015」

論に落としていくべきところだが、最初の検討段階では適度にロジカルで、適度
に見える化でき、適度に伝える力を備えた、BSCが適している。

　BSCは、1992年にハーバード・ビジネススクールのロバート・S・キャプラン
教授らによって、『ハーバード・ビジネス・レビュー』で発表され、欧米企業で
積極的に採用されるようになり、日本では2001年頃に取り上げられたフレーム
ワークである。当時の知的資本マネジメントの議論のなかから生まれたものだ。

　高度化・複雑化した経営環境に対応するために開発され、顧客やステークホル
ダーの視点、しかも先行指標を意識したKPIによって経営状態を把握する枠組み
としては、理にかなっている。しかしBSCをもってしても、昨日や今日で容易
につくれるものではないが、抽象と具体のレベル感が適度に揃い、さらに4つの
箱というシンプルさや、個々の連動がわかりやすい点で優れているため、初段階
としては有効であろう。

　無形資産経営の先行企業として知られるエーザイは、オクトパスモデルのビジ
ネスモデルの位置に、自社の「価値創造フロー」としてBSCを据えて、この

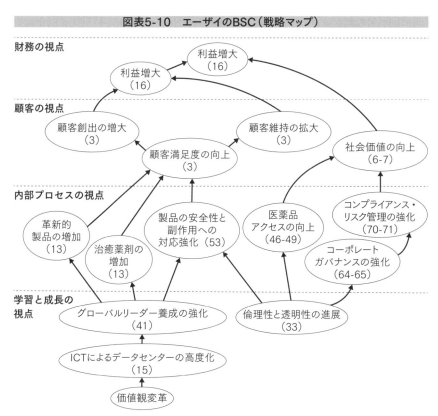

図表5-10　エーザイのBSC（戦略マップ）

財務の視点

利益増大
（16）

利益増大
（16）

顧客の視点

顧客創出の増大
（3）

顧客維持の拡大
（3）

顧客満足度の向上
（3）

社会価値の向上
（6-7）

内部プロセスの視点

革新的
製品の増加
（13）

治癒薬剤の
増加
（13）

製品の安全性と
副作用への
対応強化（53）

医薬品
アクセスの向上
（46-49）

コンプライアンス・
リスク管理の強化
（70-71）

コーポレート
ガバナンスの強化
（64-65）

**学習と成長の
視点**

グローバルリーダー養成の強化
（41）

倫理性と透明性の進展
（33）

ICTによるデータセンターの高度化
（15）

価値観変革

出所：伊藤和憲、西原利昭「エーザイの統合報告書による情報開示と情報利用」『会計学研究』第43号、専修大学会計学研究所

BSC を取り入れている（図表5-9、5-10）。

　なお、昨今では BSC も進化しており、環境配慮型の BSC や SBSC（サステナビリティ・バランス・スコアカード〈図表5-11、5-12〉）[74] が登場している。

エーザイのBSCにおける4つの視点

- **学習と成長の視点**
　企業理念である *hhc* 理念の実現のために、変革と改善を可能にする社員

74）　SBSC（Sustainability Balanced Scorecard：サステナビリティ・バランス・スコアカード）

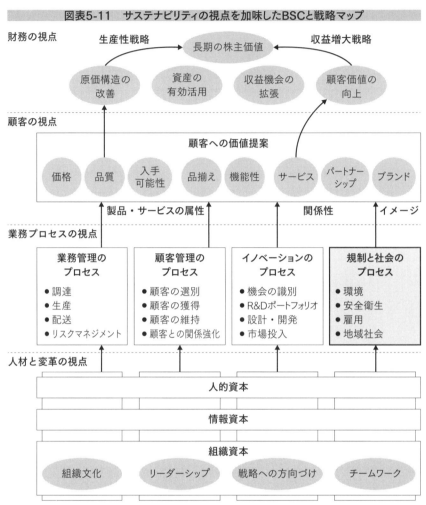

図表5-11　サステナビリティの視点を加味したBSCと戦略マップ

財務の視点

生産性戦略　　　　長期の株主価値　　　収益増大戦略

原価構造の改善　　資産の有効活用　　　収益機会の拡張　　　顧客価値の向上

顧客の視点

顧客への価値提案

価格　品質　入手可能性　品揃え　機能性　サービス　パートナーシップ　ブランド

製品・サービスの属性　　　　　　　　　関係性　　　イメージ

業務プロセスの視点

業務管理のプロセス	顧客管理のプロセス	イノベーションのプロセス	規制と社会のプロセス
● 調達 ● 生産 ● 配送 ● リスクマネジメント	● 顧客の選別 ● 顧客の獲得 ● 顧客の維持 ● 顧客との関係強化	● 機会の識別 ● R&Dポートフォリオ ● 設計・開発 ● 市場投入	● 環境 ● 安全衛生 ● 雇用 ● 地域社会

人材と変革の視点

人的資本

情報資本

組織資本

組織文化　リーダーシップ　戦略への方向づけ　チームワーク

出所：ロバート・S・キャプラン、デビッド・P・ノートン『戦略マップ─バランスト・スコアカードの新・戦略実行フレームワーク』ランダムハウス講談社

や組織の能力をいかに向上、持続するか

● 顧客の視点

患者様の満足のためにどのように行動すべきか

● 内部ビジネス・プロセスの視点

ビジネスモデルのどこで秀でるべきか、またはどこを変革すべきか

- 財務の視点

　財務的に成功するため、および企業価値を高めるためにどのように行動すべきか

図表5-12　R企業におけるSBSCの一部

視点	戦略目標	業績評価指標	GRI指標
経済的 パフォーマンス	● 売上高増加 ● 在庫回転率アップ	● 売上高 ● 在庫回転率	● EC1 ● EC1
外部の ステークホルダー	● 顧客満足度向上 ● 公正労働協会認証の維持 ● 炭素税による将来費用の減少	● 満足した顧客の割合 ● 公正労働に対する違反行為 ● 炭素税による費用	● PR5 ● PR2 ● EC2
環境的 パフォーマンス	● CO_2排出量減少 ● 廃棄物削減	● CO_2フットプリント（tCO_2e） ● 廃棄物の総排出量	● EN16 ● EN22
社会的 パフォーマンス	● 環境と社会への寄付の増加 ● 労働者の幸福度向上	● 寄付の金額 ● 労働災害による休職の日	● SO1 ● LA7
内部プロセス	● サプライヤーとの良好な関係の構築 ● リサイクル率向上 ● エネルギー効率の向上 ● リサイクル材料による部品使用の増加 ● 不良品率の減少 ● 輸送によるエネルギー消費量の減少 ● エコマテリアルの使用の増加	● サプライヤーとの会議回数 ● 廃棄物の転換率 ● 工場からのCO_2排出量 ● リサイクル材料による部品の割合 ● 不良品返品率 ● 輸送によるCO_2排出量 ● 環境配慮型製品の割合	● HR2 ● EN22 ● EN16 ● EN27 ● EN26 ● EN17 ● EN26
技術と能力	● 従業員満足度向上 ● 従業員と顧客との良好な関係の構築 ● 魅力的な職場の構築	● 仕事に対する満足度向上 ● 良好な関係を構築した従業員と顧客数 ● 転職率	● LA1 ● SO1 ● LA2

出所：Journeault,2016

人的資本情報開示項目の決め方

人的資本の情報開示項目は、BSCにおける「学習と成長の視点」の領域そのものである。非財務情報可視化研究会の人的資本可視化指針が提示する、「開示が望ましい19項目と4つの投資視点」や、ISO30414の示す領域と指標が、その具体的な項目ということになる。無形資産で言うところの人的資本や知的資本を指す。

ただしBSCにも課題はある。数値化にとらわれすぎて単なるKPI管理のツールと化して、現場で形骸化することである。しかし本書においては、あくまでも情報開示項目の設定に関するプロセスとしての参考であり、BSCを人的資本経営の根幹に据えるかどうかは、BSCのメリット・デメリットを十分に精査してから決めた方がいいであろう。

定量情報と定性情報の使い分け

開示する項目の実施状態は、成果が測れる数値がなければ投資対象としての判断材料とはなりにくい。項目にデータはつきものである。しかし実態としてHRデータの活用は、第4章で示したように各社とも十分とは言えないし、無形資産は有形資産と異なり、計測が容易ではない場合が多い。手近に揃えられるデータはあるとしても、独自性や差別化の点では期待できない。そこで自社にどんなデータが存在していて、何が足りないのかをまず検証しておく必要がある。

どうしても開示したい内容を裏づける定量情報がない場合には、定性情報で伝えることは有用である。定性情報は定量情報にはない特性があり、それは財務的な数字と企業の基礎的な状況をつなぐ機能を持つことである。

経済産業省内に設置された「持続的成長への競争力とインセンティブ～企業と投資家の望ましい関係構築～」プロジェクトでは、定性情報のことを「計測不可能であり、数値で表現することが不可能な情報のこと」と定義している。

定量情報がWhat（何をするか）を開示することを目的としているのに対し、定性情報は、Why（なぜそう考えるのか）や、How（どうやってそれを達成するのか）を開示することを目的としている。

定性情報の必要性に関しては、内閣官房の非財務情報可視化研究会でも議論がなされている。同研究会の認識としては、現状の人的資本マネジメントに関する開示内容では投資家にとって不十分で、そこから理解を掘り下げていくことはか

なり難しいと捉えている。投資家が企業に望む開示内容は、経営者の問題意識に沿った開示であり、なぜならそれは投資家が有効な対話を行うための「手がかり」となるためであるとする。

　投資家からしても、人的資本に関する開示については、ISO30414などで標準化されている項目を除けば、数値化や横比較の可能性は投資家にとって必ずしも最優先の要望事項ではないと言う。

　取り組みの進展・進捗、実践からの気づき、学び、それらを活かした改善などを継続的に把握することができれば、投資家は非常に有用だと考えているため、無理に定量化することは避けた方がいいであろう。

　一方で、定量化の乏しさから定性情報で埋め尽くすのも問題である。投資家からすれば、ノイズにしか思えない情報はいらない。実際に、パフォーマンスと定性情報の開示にはマイナスの相関関係があり、パフォーマンスを補うため開示を積極的に実施して装飾している傾向があるとの研究[75]もあり、注意が必要だ。いずれにしても、開示したい目的、内容によって適宜に決めるしかない。

本章のポイント

- ⊙非上場企業も人的資本情報の開示に関心
- ⊙主幹部署は人事部門だけではない
- ⊙人的資本情報の開示を重視する視点が内向きである懸念
- ⊙優秀な求職者ほど人的資本情報を求めている
- ⊙BSC的発想で開示項目を捉える
- ⊙定量情報と定性情報を目的によって使い分ける

75）　日本政策投資銀行設備投資研究所『経済経営研究』Vol.37No.1 2016年5月

第6章 人事部が
戦略人事になるために

　第Ⅰ部の最終章は、自社の企業価値を高めていく人的資本経営を持続的に実践していくうえで、最も重要な存在であり、協働体制のキャスティングボートを握る人事部門の在り方について、前章と同じように客観的な調査結果を通じて考察していきたい。「人事部大研究」と銘打ったパーソル総合研究所による調査であるが、これまで人事部門そのものを対象に行った実態調査は少ないため、人事部門を取り巻く過去にない大きな変化に適応すべき同組織の実像を、タイトル通り大々的に解明しようと意図して実施したものである。

　「戦略人事」をキーワードに、人的資本経営実現を左右する人事部門の実態を明らかにすることで、これから、あるいは現在において人的資本経営を実践する企業人事の参考になることを願って、第Ⅰ部を締めたい。

1. 調査結果から見えてくる課題

　上記調査の結果について、人的資本経営に関係する論点を以下に示しておきたい。なお、本書では第2章でCHROの設置率を掲載するなど、すでに必要に応じて同調査の結果を引用してきた。

調査結果のサマリ

【人事部の基本機能】

- 約半数の企業が、人事部の役割は「定例・定型的な人事労務管理」
- 人事の位置づけが経営に近いほど、戦略人事が実現できている
- 約7割の人事部がアウトソーシングを利用
- 「最適な人員配置」「次世代経営人材の選抜・育成」「人事データの活用」

といった施策は、35％以上の人事部で課題となっているが、そのうち実行できている割合は半数未満

- 人事担当役員の設置率は62.8％、CHRO設置率は15.4％。
- 約65％の企業で、人事の最高責任者が経営会議に常時参加し、決定に対する影響力を持っているが、約20％の企業では、経営会議に常時参加しているものの、決定に対する影響力がない
- 人事部の人員不足を感じている企業は約6割
- 人員不足感が強い人事部では、人事部内外との連携や企画構想力、経営関与が弱い傾向があり、特に非定型業務における成果発揮度が低い
- 人事部の課題感は、

  ①専門性を持つメンバーの不足

  ②企画構想力の低さ

  ③人事の人手不足

  ④「攻め」よりも「守り」が重視される

【戦略人事の実現】

- 戦略人事を実現できている企業は約3割、実現できていない企業は約4割
- 戦略人事が実現されている状態は、

  ①次世代人材の発掘・育成

  ②事業部の人的資源の調整・配分

  ③経営戦略にもとづいた人事戦略の策定

  ④緊密な社内連携

  ⑤従業員の支援

  ⑥人事ポリシーの明確化

  そのうち、①②⑤⑥は実現度が低い

- 戦略人事の実現を促進する要因は

  ①人事データ活用

  ②人事部の経営関与

  ③人事戦略・企画担当／人材開発・育成担当／組織開発担当の人材確保

  ④人事業務の専門性が高い人材と事業経験のある人材両方の確保

  ⑤オペレーション業務のアウトソース

- 戦略人事が実現できている企業は、人事部の企業成長への貢献度が高く、

売上高成長率・利益率成長率が高い

- HRBP・事業部人事が、事業部の組織活性化や、事業部社員との面談、キャリア支援を行う企業ほど、人事部の事業成長への貢献度が高く、売上高成長率・利益率成長率が高い

人事部門自体の人的資本強化が重要

サマリからうかがえる特徴を総括すると、人的資本経営に関わる人事部門の影響は想定以上に大きく、抱える課題も同様に大きいため、人的資本経営を確かなものにするためには、人事部門自体の人的資本を強化する必要があるということだ。

同調査からは人事部員の人手不足が明らかになり、それが影響して人事部内外での連携不足が見られる一方で、業務のアウトソーシングも進んでいない実態が浮かび上がった。

余裕がない仕事環境で新たな取り組みをしていくには、それなりの強い動機が伴わなければ、結果的に日々ルーチンワークをこなすだけになる。挑戦による成長機会も少ないとなると、人事の人的資本は枯渇しかねない。人手という量的な補充だけでなく、より経営的視点で考え、構想できる人材の質をも揃えていくことになると、もはや人事部門だけの自助努力ではなく、経営サイドの重要事項として推進していく必要がある。

戦略人事の実現度

「戦略人事を実現できている」との回答は3割弱、できていないとの回答は約4割で、正社員5,000人以上規模の企業では、実現できている企業が多いことがわかった。できていない企業の数ができている企業を上回っているのが現状だ。ところでここで言う戦略人事の意味する内容に関しては、回答者に聞いているが、それによると、以下のような解答である（図表6-1）。

次世代人材の発掘・育成を筆頭に、事業部の人的資源の調整、経営戦略に紐づいた人事、緊密な社内連携、従業員への支援、ガバナンス強化への貢献と続く。そして注目したいのが図表6-2で、第4章でも掲載した調査結果である。図表6-1の縦軸を横に90度倒して横に置いたものと、縦軸はその実現度合いを示している。

図表6-1　戦略人事が実現されている状態

日系企業経営層／人事部管理職　n＝947

分類	戦略人事が実現されている状態	選択率（％）
次世代人材の発掘・育成	次世代人材の育成に深く関与	55.1
	次世代人材の発掘に深く関与	45.9
事業部の人的資源の調整	事業部間の人的資源の調整に深く関与	45.1
	事業部の人的資源の配分に深く関与	44.9
経営戦略に紐づいた人事	経営戦略をもとに人事戦略を考える	52.5
	人事部員が事業戦略を理解	41.7
	人事部のトップが経営会議に常時参加	36.5
緊密な社内連携	人事部と経営層との連携が緊密	53.6
	人事部と事業部の連携が緊密	47.1
	人事部内の連携が緊密	30.0
従業員への支援	従業員の前向きなキャリア形成のための施策実行	44.6
	従業員のwell-being向上に積極的に取り組む	25.9
人事ポリシーの明確化	事業戦略達成のために、いつ、どのような人材が必要になるかが明確	43.2
	人事ポリシーの明確な打ち出し	36.1
	各人事施策を人事ポリシーにもとづいて実行	27.3
	人事ポリシーを発信	24.8
ガバナンス強化への貢献	人事部がガバナンス強化に貢献	34.3
前のめりな人事	人事部内に攻めの規範がある	27.0
	競合他社よりも候補者に選ばれるようブランディングを行う	21.2
	SDGsの推進に貢献	18.0
	他社の人事部とのつながりがある	17.7
データドリブン人事	データドリブンな意思決定	14.6
	HRテクノロジーを使いこなす	13.3

左端に縦書き：戦略人事の主要な要素

出所：パーソル総合研究所「人事部大研究調査」2021年
注：分数は因子分析（最尤法・プロマックス回転）による

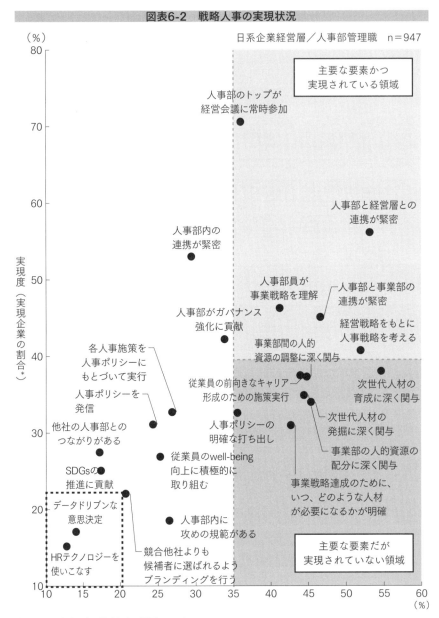

図表6-2　戦略人事の実現状況

日系企業経営層／人事部管理職　　n＝947

（%）

実現度（実現企業の割合＊）

主要な要素かつ
実現されている領域

人事部のトップが
経営会議に常時参加

人事部と経営層との
連携が緊密

人事部内の
連携が緊密

人事部員が
事業戦略を理解

人事部と事業部の
連携が緊密

人事部がガバナンス
強化に貢献

経営戦略をもとに
人事戦略を考える

各人事施策を
人事ポリシーに
もとづいて実行

事業部間の人的
資源の調整に深く関与

人事ポリシーを
発信

従業員の前向きなキャリア
形成のための施策実行

次世代人材の
育成に深く関与

他社の人事部との
つながりがある

次世代人材の
発掘に深く関与

人事ポリシーの
明確な打ち出し

SDGsの
推進に貢献

従業員のwell-being
向上に積極的に
取り組む

事業部の人的資源の
配分に深く関与

データドリブンな
意思決定

事業戦略達成のために、
いつ、どのような人材
が必要になるかが明確

HRテクノロジーを
使いこなす

人事部内に
攻めの規範がある

競合他社よりも
候補者に選ばれるよう
ブランディングを行う

主要な要素だが
実現されていない領域

出所：パーソル総合研究所「人事部大研究調査」2021年
＊「十分にできている」「ある程度できている」回答企業割合

そうするとまず、重要な論点としてグラフの右下の濃い灰色になっているエリアにある項目が要注意となる。なぜなら戦略人事としてより重要なものにもかかわらず、その実現が十分にできていないことを意味するからである。一方で、左上のエリアは重要でないにもかかわらず、実現できてしまっている、言い換えると意味のない仕事に精を出していることになるが、同調査では該当しなかった。

　戦略人事としてより重要なものにもかかわらず、その実現が十分にできていないエリアのうち、次世代人材の発掘・育成、事業部の人的資源の調整・配分、従業員の支援、人事ポリシーの明確化に関しては実現度が低い。

　次世代人材の発掘・育成は、非財務情報の開示指針研究会が提示する「開示が望ましい19項目」で言えば、リーダーシップ領域における後継者有効率、後継者カバー率、後継者準備率にあたり、「価値向上」の観点では最も高い項目とされているがゆえに、企業格差がつきやすい。

　次世代人材の発掘・育成に関して、実は同様の調査は過去にも何度か実施されているのだが、筆者の知る限り2000年前後の調査結果でも同じように右下のエリアに置かれていて、20年以上経っても何も進展していないように思われる。

　その理由について、これまで行ってきた企業の経営者や人事責任者へのヒアリングを通じて推測できることがある。その最も大きな要因は、次世代人材の育成は全社をあげて進めなければならず、人事部が選抜した後には事業部の現場からエース級の人材を引き抜いて長期の訓練を受けさせたり海外に赴任させたりなど、事業部からすると次世代人材の育成に対して総論では賛成しても、各論では利害関係が発生して協力しない実情が見え隠れしている。

　あるいは、経営者が取り組み、当初は主導的に現場の合意を得ながら優先順位を上げて推進していくものの、年月を経ると徐々に経営者が関与しなくなり、形骸化していく結末を繰り返している状況が続いている様相だ。

　このままでは、今後も全体最適な施策が進みにくい傾向が続くことが予想される。そうなると人的資本経営に対しても同様の困難さが予想されるため、これも人事部門が孤軍奮闘する範疇ではなく、経営者側も軌道に乗せた後にフェードアウトするのではなく、成果が目に見えて投資家から理解を得られるまでは、責任をもってやり遂げる姿勢を持つことが紛れもなく問われている。

人事部の課題

　人事部自らの課題に関しては、専門性を持つメンバーの不足、企画構想力の低さ、人事部の人手不足、「攻め」よりも「守り」が重視されるという順に並び、4割以上の企業にその傾向が見られた（図表6-3）。

　人事業務の専門性に関しては、何をもって専門性とするかにもよるが、それぞれの職域での専門性が弱いとなると、2つ目にある企画構想力の低さや、あるいは攻めよりも守りが重視されている点を捉えると、いわゆる戦略人事の実現はますます困難なものとなってくるであろう。人手不足という量的解決だけではなく、事業部門から人事構想に長けている人材を異動させて人事部に配置するとか、外部人材に頼ってでも戦力を高めていかなければ、短期的には難しいであろう。

人的資本経営の鍵を握るアウトソーシング

　戦略人事を実現している企業では、定型業務のみならず、実務的業務や企画業

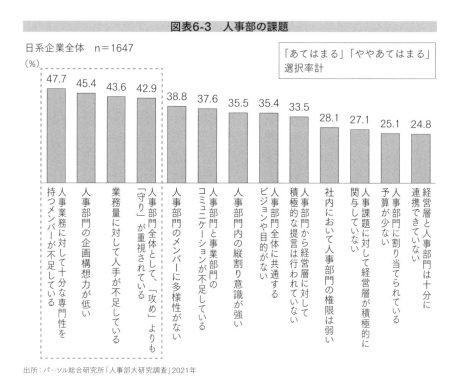

図表6-3　人事部の課題

日系企業全体　n＝1647
（％）

「あてはまる」「ややあてはまる」選択率計

項目	％
人事業務に対して十分な専門性を持つメンバーが不足している	47.7
人事部門の企画構想力が低い	45.4
業務量に対して人手が不足している	43.6
人事部門全体として、「攻め」よりも「守り」が重視されている	42.9
人事部門のメンバーに多様性がない	38.8
人事部門と事業部門のコミュニケーションが不足している	37.6
人事部門内の縦割り意識が強い	35.5
人事部門全体に共通するビジョンや目的がない	35.4
人事部門から経営層に対して積極的な提言は行われていない	33.5
社内において人事部門の権限は弱い	28.1
人事課題に対して経営層が積極的に関与していない	27.1
人事部門に割り当てられている予算が少ない	25.1
経営層と人事部門は十分に連携できていない	24.8

出所：パーソル総合研究所「人事部大研究調査」2021年

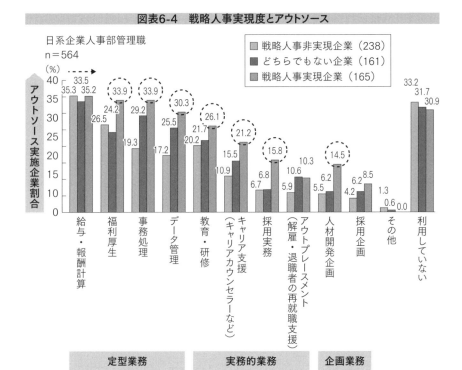

図表6-4　戦略人事実現度とアウトソース

日系企業人事部管理職
n＝564

凡例：
- 戦略人事非実現企業（238）
- どちらでもない企業（161）
- 戦略人事実現企業（165）

縦軸：アウトソース実施企業割合（%）

項目	非実現	どちらでもない	実現
給与・報酬計算	35.3	33.5	35.2
福利厚生	26.5	24.2	33.9
事務処理	19.3	29.2	33.9
データ管理	17.2	25.5	30.3
教育・研修	20.2	21.7	26.1
キャリア支援（キャリアカウンセラーなど）	10.9	15.5	21.2
採用実務	6.7	6.8	15.8
アウトプレースメント（解雇・退職者の再就職支援）	5.9	10.6	10.3
人材開発企画	5.5	6.2	14.5
採用企画	4.2	6.2	8.5
その他	1.3	0.6	0.0
利用していない	33.2	31.7	30.9

定型業務　　実務的業務　　企画業務

出所：パーソル総合研究所「人事部大研究調査」2021年

務についてもアウトソース実施率が高いことが明らかになった（図表6-4）。

　これには2つの示唆がある。まず一つは、単純に戦略人事を実現している企業ほど業務を外部化していること。2つ目は、その内容が給与計算や福利厚生、事務処理などの定型業務だけではなく、教育・研修、カウンセリング、人材開発といったプロフェッショナルな領域も外部の専門機関にアウトソーシングしている傾向にあるということである。

　アウトソーシングに関しては、ポジティブな解釈とネガティブな解釈が存在するが、前者で言えば外部の高度なノウハウやメソッドを有効に活用して自社内ではカバーできない専門領域で人的資本を高めていくことにある。

　一方でネガティブな解釈では、外部に依存し続けることで内部に専門的なナレッジが蓄積されていかないのではないかという懸念である。しかしそれは一側面だけ見ればその通りだが、外部との協働を通じて自社内に高度なノウハウが徐々

に蓄積されるメリットもあるため、長期的に見れば外部コストは発生するものの、無形資産のリターンも期待できる。

ここで人的資本経営とアウトソーシングとの大事な関係性を伝えておきたい。人員不足が悩ましい人事部門において、外部化することは大きな選択肢の一つだ。しかし実態としては、アウトソーシングを実施していない企業が30%存在している。

アウトソーシングにも当然ながらコストがかかるため、なんでも外部化すればいい話ではない。しかし人事部門に所属する関係者からよく耳にする話として、毎年のように業務のアウトソース化を検討はするものの、移行時のスイッチングコストなどを考慮するとコストパフォーマンスがマイナスになる場合が多く、結果的に自社内でそのまま継続させてしまっているというものがある。

これは検討するうえで重要な論点が欠けている。短期・長期の観点と、有形・無形の観点である。前者ではたとえ外部化移行の際に発生するスイッチングコストは金銭的にも労力の面でもコストが一時的に発生するが、長い目で見れば設備投資と同じで、いずれは回収できるものである。時間軸を測ったうえで検討したかどうかの検証は必要だろう。

しかしもっと重要なのは後者で、人員不足で余裕がないなかで定型業務に手を取られていると、先述した優先順位の高いはずの次世代人材育成など、戦略人事に向かうリソースが奪われて実現度が下がったままになってしまう問題がある。

仮に多少のコスト高であったとしても、外部化による創造的な時間の捻出、つまりヒトと時間という無形資産の創出は、モノやカネといった有形資産よりも企業価値を高めるという人的資本の大原則に則れば、もっと追求してもいい経営上の重要なアジェンダである。人事部門がそのことに気づかずに人的資本経営を推進していくことは、「灯台下暗し」であり「紺屋の白袴」と言えるのではないだろうか。

戦略人事の企業成長への貢献

ここまで人事部門の主要な課題について取り上げてきたが、人事に携わる読者であれば気が滅入る話ばかりに感じるかもしれない。しかし次の分析結果からは、やはり人事部門の企業成長への貢献は大きく、業績にも影響を与えていることがわかり、明るい兆しが見えると言えよう。

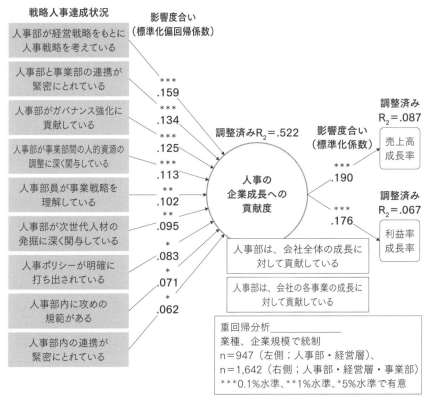

出所：パーソル総合研究所「人事部大研究調査」2021年

　戦略人事が進んでいる企業は、伊藤レポートが提示する1町目1番地である「経営戦略と人材戦略との連動」をはじめ、人事部と事業部との緊密な連携や、ガバナンス強化、事業部間の人的資源調整、人事部員の事業戦略の理解度合いが高く、その営みが会社全体の、あるいは各事業の成長に対して貢献していて、結果的に売り上げや利益の成長率[76]に影響を与えているということが、重回帰分析によって明らかになった（図表6-5）。これは、HRBPや事業部人事でも類似の傾向が見出される。

---

76)　過去3年間における売上成長率、利益成長率を指す。

人的資本経営への人事部門の取り組みは、このように戦略人事の取り組みと軌を一にしている。ここであらためて人的資本経営を確かなものにするために、自社にとっての戦略人事とはどういうものなのかを問い直す機会となることを、切に願うばかりである。

2. 人的資本経営を確かなものにしていく人事部の道筋

本章ではこれまで、さまざまなフレームワークや政府・官庁による方針の提示、研究会や検討会に参加する第一人者からの指南など、多角的に人的資本に関する考察を行ってきた。

最後にこれらの考察にもとづいて、人的資本経営の成否を決すると言っても過言ではない人事部門の今後の在り方について、提言して締めくくりとしたい。

> 提言のポイント
> - 戦略人事の意図を問い直す
> - 本社人事は「選択と集中」を
> - 戦略人事に欠かせない HRBP
> - 戦略人事のインフラとして HR データを活用

戦略人事の意図を問い直す

戦略人事という概念が登場したのは、第1章で述べたように、人的資本経営が世界的に注目されはじめた時期と重なる。1990年代に登場し、日本でも戦略人事を掲げて人事部門を刷新しようとする動きがあったが、限定的であった。しかしその後に、グローバル化の加速、コロナ禍による働き方の変化、SDGs による企業の健全なる持続性、多様性が問われる過程で日本型雇用の限界が露呈し、ジョブ型雇用への転換の波が押し寄せてきたことで、近年になって再び戦略人事が着目されるようになった。

だが人事部大研究の調査結果から得られた示唆は、あらためて「戦略人事とは何か?」を問い直す必要があるということであった。「戦略人事とは、戦略的に人事を運営すること」にあるのなら、その戦略はどこから来るのか? それは端的

に言えばサステナビリティ（持続性）を目指す経営戦略と、アジリティ（機敏性）を追求する事業戦略に他ならない。戦略人事とは、その両面を人材戦略という形でサポートする戦略パートナーとしての人事部門、あるいはその人事的施策のことである。

このように定義すれば、人事部門はこれまで以上に経営ボードと事業部門に近い存在でなければならない。さらに言及すればVUCAの世界に身を置く昨今、刻々と変化する事業戦略を後追いするだけではなく、その先にある自社の人材や組織の姿を人事部門が自ら描き、事業部門が描く成長シナリオにバインドさせながら全社を先導していく存在として位置づけられていくべきであろう。

また、本社人事は事業部門に入り込んで現場に人材や組織の観点で支援し、部門人事は刻々と変化する日常に反射神経で応える柔軟性を持ち合わせながら、本社人事と部門人事がこれまで以上に連携し、事業と経営に資する人事としての役割を果たすことが肝要となる。

本社人事は「選択と集中」を

前述したように、調査結果からは重要であると認識されながらも実行が伴っていない人事施策が散見された。人員や時間といったリソースに限りがあるなかで戦略人事を推し進めていくためには、人事の「選択と集中」が欠かせない。

効率性の観点でオペレーショナルな人事業務をアウトソースできる余地をあらためて探るのはもちろんのこと、専門性の観点から最適な選択をする、あるいは選択肢を増やす重要性は高まっている。

選択と同時に重要なことは、重要施策への集中と、それを担う部署（本社人事またはHRBP／事業部人事）への責任と権限の集中である。

選択に関しては、専門性が高い領域（人事戦略や人事企画、人材開発、組織開発など）に配置できる人材が不足しているという調査結果から、例えば外部ブレインと協働することで成功事例の分析手法やデータの読み方といった知見が社内に蓄積され、最終的には経営ボードや事業部門から戦略パートナーとしての信頼を得られるなど、社内リソースの現状レベルに応じて最適な選択をする重要性は増している。

集中に関しては、数ある人事施策のなかで重要度が高い一方で実行度が低いテーマ（最適な人員配置、次世代経営人材の選抜・育成、人事データの活用）の阻

害要因を明らかにしなければ、いつまでも解決の糸口が見つからない。

　特に次世代経営人材の選抜・育成は、過去の調査が示してきたように、重要だが実現できていない課題として平成時代を通じて今日に至っている。

　その理由の一つに、現場からエース級の人材を一時的にしても本社人事に預ける、あるいは他部門に異動させることで部門の業績ロスを嫌って協力しない事例が多く見られることは、前述の指摘通りだ。利害関係が将来の経営人材の芽を摘むことを避けるためにも、事業部門では主導できない施策に関しては本社人事にその責任と権限を集中させて、阻害要因を取り除いていくことが重要である。

人的資本経営に欠かせないHRBP

　人的資本経営を推進させる戦略人事において、本社人事と同等に欠かせないのがHRBPあるいは事業部人事といった部門人事である。調査結果からは、HRBPと事業部人事の区別が明快ではなく、両者の設置意図に曖昧さが見られた。戦略人事を推し進めていくのなら、部門人事の位置づけと役割・機能の明確な再定義から始めることが肝要であろう。

　戦略人事実現度が高い企業ほどHRBP設置率が高く、事業部の組織活性化の支援、事業部の社員との面談、事業部の社員のキャリア支援といったHRBPを通じた人事施策が、事業成長に大きく貢献していることもわかった。

　HRBPの本来の設置目的は、自社の戦略人事推進に向けて本社と部門の人事それぞれが担う役割と機能を分けて、責任と権限を明確にすることにある。したがって本社人事は、女性活躍などの全社的なガバナンスを要する施策を実施する存在として位置づけ、HRBPは本社人事と緊密に連携していきながらも、事業部門の事業目標を人事観点から支援する戦略パートナーとしての役割と、人事オペレーションを高度に遂行するアドミニストレーションのプロフェッショナル機能を併せもつ存在として明確に位置づけるべきであろう。

　ジョブ型雇用を導入し、推進していく企業は、その特性からHRBPの設置はもとより、本社人事の権限をHRBPにより多く移譲していくことが求められる。具体的には、これまで人員計画を本社が考え、各部門に人材を配分していたプロセスを、採用数を含めて部門単位で必要人員を決める人材リソースマネジメントをHRBPに移譲する例などが挙げられる。自組織のニーズにもとづいたタイムリーな採用と登用、育成と人材流動化によるダイバーシティの向上が期待でき

る。

　HRBPに配置するべき人材として、本社人事・人事企画経験者、事業部経験者に加えて人材育成・コーチング経験者、経営企画業務経験者を配置するなど、部門の事業戦略に沿った人材の適用が望ましい。

人的資本経営のインフラとしてHRデータを活用

　人事情報の一元管理ができている企業ほど、戦略人事が実現できている傾向が見られた。これまでの日本型雇用が新卒採用中心、同質性の高い人材の集合体、終身雇用、年功序列の枠組みによって支えられ、その中心にあった人事は良い意味で経験・勘・記憶という3Kで運営できていた。

　中途採用人材が増え、日本型雇用の形が少しずつ変容する昨今では、人事が専門性の高い人材を採用したり、多様な人材と複雑化した組織を把握したりすることが困難となり、3Kに依存する限界が見えはじめてきた。

　客観・傾向・記録といったNew 3Kによって、「なんとなく人事」から「より確かな人事」へと変貌していくことが戦略人事実現の確かな道であり、戦略人事の推進の観点からも、HRデータを一元管理して活用するタレントマネジメントシステムといったインフラの強化が急がれる。

　見逃してはいけない論点として、「人事部大研究調査」ではHRテクノロジーの活用が戦略人事を推し進める優先的な施策であるとの認識はされていない。したがって活用も進んでいない実態が浮き彫りになった。

　多様な雇用形態、働き方の変化による人事業務の複雑性に対処していくためにも、人的資本情報の開示に際して実証性を担保して、ステークホルダーから真摯で魅力ある企業として評価されるためにも、HRデータやタレントマネジメントシステムはアジリティとサステナビリティ強化に必要不可欠なインフラになり得る。Old 3K依存からの脱却とNew 3Kへの取り組みに一段とギアを上げる必要がある。

　戦略人事が実現できいる企業ほど、人事が自社の成長に貢献する度合いも高く、結果的に自社の売り上げ・利益の成長につながっている。この事実をあらためて認識し、戦略人事に向けた人事部の検証、再構築への取り組みが望まれる。

- ⊙人事部門自体の人的資本強化が重要である
- ⊙戦略人事の実現度はまだ道半ば
- ⊙人的資本経営の鍵を握るアウトソーシング
- ⊙人事部門は企業成長に貢献している
- ⊙戦略人事の意図を問い直す
- ⊙本社人事は「選択と集中」を
- ⊙人的資本経営に欠かせない HRBP に権限移譲を
- ⊙人的資本経営のインフラとして HR データの活用は有効

第 II 部

人的資本を骨抜きにしない論点解明

有識者の視点

第 I 部では、人的資本に関する理論体系や新たな枠組みに関する考察、企業の自社戦略における人的資本経営や人事部門の在り方を提示してきた。第 II 部では、人的資本を日本に存在する固有の特性を踏まえて、さらに多角的に洞察していくことを意図して、有識者との対談を掲載する。

1 | 人的資本経営は「収益向上」のため

人的資本経営は「収益向上」のため

人事部はダイバーシティ＆インクルージョンの推進から

保田隆明（慶應義塾大学総合政策学部教授）

　ファイナンスを軸にESG投資、地域経営などの研究や執筆活動をされている慶應義塾大学総合政策学部教授の保田隆明氏に、海外から見た日本という視点を織り交ぜながら、人的資本経営の最先端事例と日本における人的資本経営の在り方に関して話をうかがった。

なぜ日本企業に人的資本経営の必要性が高まっているのか

——保田先生は、専門分野がコーポレートファイナンスやESG/SDGを通じた事業変革、ベンチャービジネスなどで、財務的な視点で研究と発信をされてきました。また、米国シリコンバレーに滞在されたご経験もあります。そのうえで、昨今の「人的資本経営」に関してどのように見ているのか、率直なご意見をお聞きしたいと思います。

　いま、なぜ日本企業には人的資本経営の必要性が高まっていると考えられますか。

保田　端的に申し上げると、「海外企業に比べて収益性、成長性で見劣りするから」です。収益性、成長性を上げるためには事業ポートフォリオを変えていく必要があり、そのためには「新しい事業を立ち上げるための"人材"」、あるいは「新しい事業に適応できる"人材"」が必要になります。

　私は、つい数年前まではシリコンバレーにいました。そこでは、新しい技術が耳目を集めがちな一方、新しい技術を獲得してもビジネス化できなければ収益につながらないことから、近年は人的資本経営にも注目が集まっています。

——日本企業は欧米企業と比べて、人的資本経営への対応は遅れていると思いますか？

保田　かつては先んじていたものが、いつの間にか欧米流の人的資本経営が主流となり、結果として出遅れてしまったという状況です。従来われわれ日本企業は

「中長期視点での事業経営」を得意としていましたが、主に米国型のコーポレートガバナンスへの適用に一生懸命になる過程で、株主から「短期利益」を求められ、その間にいわゆる人的資本経営を行う余裕が失われてしまったからです。

例えば欧州のシーメンス（ドイツ）、ネスレ（スイス）、ユニリーバ（英国）では、10年、20年、30年先のメガトレンドを見据えて、「社会はこう変わるから、われわれの事業をこう変えて、それに適合する人材を教育しよう」という経営を行ってきています。一方、日本企業は、こうした目先の対応に追われ、中長期的なメガトレンドを予測して事業を創造することをやらずにきてしまいました。

判断軸は「赤字じゃなければよい」から「ROE＝8%」へ

――「ROE経営」の重要性もうたわれていますが、これは「長期投資家視点」と一致するものですか。

保田　一致します。目先のROEを上げようとするとESG経営は難しくなります。なぜなら、ESG経営とは、ESG領域の事業への投資を行うことを意味しますので、費用先行型となるからです。ただ、それは10年、20年先の種まきを意味します。

私たちはよく「プロダクト・ポートフォリオ・マネジメント（PPM）」の概念を、「市場成長率」と「市場占有率」の高低からなる4象限マトリクス「花形」「金のなる木」「問題児」「負け犬」を用いますが、ESG経営に通じる事業戦略は、市場成長率「高」＆市場占有率「低」の象限である「問題児」に該当します。

2017年頃のテスラ（米国）への評価は「EV（Electric Vehicle：電気自動車）の時代はこの先来るけれど、まだ先だよね」という状況でした。「まだ」というのは「いまやるべきではない」ということではなく「いまは儲からない」ということです。そこから5年後の2022年現在、利益が出て、社会からも必要とされる事業になりました。5年前までは問題児だったEVの事業が、いまや時価総額100兆円に迫ります。経営者は、「いまは問題児であってもこの事業は5年後10年後に必ず儲かる」という「ストーリー」を社内外に説明する必要があるでしょう。

――確かに日本企業はROEを高めるために、自社株買いなどROEの分母を減らすことから優先しがちで、分子にあたる将来の利益や成長に対して、いまは問題児でも、まいた種が5年、10年後に出てくることには注力してこなかったと

いうことですね。

保田　そういうことです。日本企業全体で見たときに、人件費は売り上げの３割程度を占め、利益に与える影響も大きい領域です。したがって、人件費はなるべく抑制したい費目になります。ただそこばかりにとらわれていると、種まきに支障がでるということです。

──問題児は将来の種まきであり、それを開花させる、マネタイズするために必要なのが人材である。わかっていることとはいえ、日本企業も早くそこにたどり着かなければいけないですね。

保田　そうですね。マネタイズをするのが誰の仕事かというと、経営陣の仕事です。経営陣がＡという事業をやめてＢという事業にシフトする意思決定をした際に、Ａという事業にいた人を、アジリティ（俊敏性）をもってＢという事業に適応させる能力が求められます。日本企業は2000年くらいまでは「ジェネラリスト思考」でした。何事にも対応できるという意味合いだったと思うのですが、スペシャリスト集団には勝てなくなりました。事業の選択と集中や、１位になれる領域だけで勝負するような事業戦略がもてはやされたのもこの時代です。

　しかも、スペシャリスト型経営は、その後進化しています。かつての、スペシャリスト型の米国では、ジョブスクリプション（職域・職能）がはっきりしていますので、雇用契約書に職種が書かれていて、それ以外の仕事はやらないという考えでした。Ａ事業部がなくなれば転職していたわけです。そこがいま、変わってきています。いわゆるＴ字型人材化ですが、その方が、企業は新規採用に悩む必要はなくなりますし、従業員もストックオプションで大きな利益が得られます。こうなると、経営陣は事業転換がやりやすくなります。

──経営陣の戦略を具体化していくのは従業員。海外の企業と比べて、あるいは過去の日本企業と比べて、従業員全体の事業をマネタイズする力は弱まっているのでしょうか。それとも、もともとないのか。どう見ていますか。

保田　データで検証はできていないのですが、「問題児」である事業の将来性を経営陣が従業員に対して説得できさえすれば、従業員は一丸となって邁進していくと思います。そのメッセージ性をどうやって打ち出していくかが、極めて重要だと思います。

──経済産業政策局が2022年４月に調べたデータによれば、PBRが１倍未満（純資産＞株式時価総額）の企業の割合は、米国（S&P）3％、欧州（STOXX）

約2割に対して、日本（TOPIX）は約4割、東証1部上場企業では、PBR0.5〜0.6倍が最頻値となっているそうです。PBRが1.0倍よりも高い企業とそうではない企業は、一体何が違うのでしょうか。

保田　株式市場は「PBR」が1.0倍を切る企業を、「将来、株式資本を増やすことができない企業」つまり「利益を上げられない企業」だと認識します。PBRとROEの関係性を示した研究結果を見たところ、ROEが8％を超えると、PBRも高くなることが明らかになっています。

　株式市場はROEをしっかりと見ていて、平均より稼いでいる会社の株を買います。株が買われることでその企業のPBRが上がります。ROEの構成要素は3つです。「利益率」「資産を有効活用できているか（資産回転率）」「借入金を有効活用できているか（レバレッジ）」です。日本企業と米国企業を比較すると、日本企業は「利益率」に問題があります。

　その理由は2つで、一つには薄利事業の売却を決断できていないことです。売却する事業に紐づく人材の処遇が足かせになっているため、心的要因が大きいといえます。もう一つは、GAFAMのような収益率の高い事業を仕込めていないことです。日本企業はこれまで「赤字じゃなければよい」と考えてきましたが、判断軸が「ROE＝8％」に変わったことを意識して経営するのがよいでしょう。

情報開示の目的は指標の達成ではなく収益向上への道筋を示すこと

——「人的資本経営」の主幹は誰なのでしょうか。

保田　それは「経営者」です。経営陣がメガトレンド予測をもとに将来の事業ポートフォリオを創造し、人事部門はそれに対応する人材の採用や育成などの人材戦略を実行に移すことが急務です。

　象徴的な事例が、世界最大のスーパーマーケットチェーンであるウォルマート（米国）です。2020年、コロナ禍においてお店にお客が来なくなりました。当時、オンライン販売ではAmazon（米国）に対して後塵を拝していましたが、打開策はオンラインショッピングビジネスへのシフトしかありませんでした。そこで、店舗を実質的に倉庫化しました。

　従来のオンライン戦略を考えると、オンラインショッピング用の倉庫をつくって、そこに人材を雇用するわけです。しかしそれではカニバリゼーションも起きます。また、もともとは旧来型モデルですので、既存の人材を新しいオンライン

ビジネスに対応させるのは難しかったわけです。しかしコロナ禍のタイミングで、他の選択肢がなくなったため、既存の従業員をオンラインに対応させたところ、これが見事に軌道に乗りました。本気でAmazonに対抗しようとしたからです。

　バケーションレンタルのオンラインマーケットプレイス企業であるAirbnb（米国）も、サービス領域を近距離の旅行をメインに絞り、事業のフォーカスをガラッと変えて、それに対して従業員が適応していきました。結果的に業績がV字回復して上場を果たしました。経営陣が時代の変化に合わせて新たな事業を構築し、それに従業員が適応できた好事例です。

——いま、企業が最も気にしていることが、人的資本に関する情報開示です。開示義務項目もあれば任意の独自性項目もあって、どれをどう選んで開示するのか、投資家から評価してもらうための項目は何か、決めるために右往左往している状態に見えます。

　情報開示する項目の決め方に関して、企業が気をつけるべき考え方はありますか。

保田　世界最大のコンピュータネットワーク機器開発会社であるシスコシステムズは、ESGのスコアの優等生です。何が最も貢献しているかというと、ESGのSの領域の人的資本開発です。どういう点が評価されているかというと、一つには従業員向けトレーニングの充実です。従業員の社内トレーニングの他にも従業員のウェルビーイングに関するプログラム、リスキリングの研修プログラムが実施されていて、参加率も高い状態です。また、ダイバーシティのある組織づくりという点でも評価されています。

　先ほどの佐々木さんの質問に戻ると、どういうものを開示すべきなのかという問いは、人材を育成するためのプログラムが適切に存在しているかどうか、そして、研修プログラムが社員のスキルアップや満足度向上に寄与したかなど、これらの情報開示が評価対象となるでしょう。

——シスコシステムズのように充実したプログラムで、かつ実践されていてアウトカム（成果）も出ていると、開示にも前向きになれますね。一方で、参加率はすぐにアウトプット（指標化）できるものの、アウトカムまで追求していくのは簡単ではないですね。でもそれを投資家は見たがっている。

　また、アウトカムが他社と比べて劣位に感じる場合は、横並びで比較されるの

を懸念しますので、有利なアウトカムしか開示しないことも考えられますが、その点で投資家はどう見ているのでしょうか。

保田　現状としてアウトカムが芳しくない企業が多いことは、投資家もある程度、予想していますし、織り込み済みです。したがって、下手な化粧はしない方が賢明です。一方、投資家が知りたいことは、「今後の実行プラン」です。現状の数値と今後のプランの説明です。

　単純に「女性比率を上げます。そのための行動プランはこれです」という話ではなく、打ち出す戦略を明確なストーリーで示すと効果的です。気をつけるべきは、開示指標の項目達成自体を目的化しないことです。企業経営の目的は収益を向上させることですから、投資家としては「それをやることで、どう収益向上につながるか」を見ています。

――例えば、女性取締役の比率が30％以上だと業績が良好な企業が多いのに、取締役より下の女性管理職の比率では、業種によって一概に業績は高くはないというデータもあります。自社が新たにどのような事業を展開し、その事業をより強く推し進めていくためには、女性リーダーの力が必要なのである、というストーリーを持たなければ説得力はないですからね。

保田　日本企業で人的資本経営を語るインタビューやレポートを拝見していても、その目的に「収益力と成長性の向上」という意味合いの記載がないことに、やや懸念を感じています。何のために人的資本経営をやるかといえば、その答えは一つで、「収益性・成長性向上につながるから」です。そうでなければやる必要がないはずです。ウェルビーイングを高める、働き方改革に取り組むなど、どれも重要ですが、投資家は、「収益向上につながるのか」を見ています。

　実際の研究に、ドイツ企業を分析対象として、取締役会での女性比率が30％以上の「クリティカル・マス」を達成した企業とそうでない企業では、達成企業の方が業績は高いことが報告されています。また、取締役会の女性比率を向上させはじめた当初は、企業の業績にはネガティブな影響があること、そして、女性比率が10％を超えない企業では、業績はむしろ低下する可能性があるというデータもあります。ダイバーシティ＆インクルージョンでも、「ダイバーシティスコアが高い組織は、イノベーティブであり、イノベーションによる売上比率が高くなる」というデータもあります。人的資本によって、収益にどのように結びつくのかといった収益向上のストーリーが重要です。

ダイバーシティが男性にとって脅威な存在になる

保田　人的資本経営のダイバーシティ、特に女性活躍に関しては、日本企業に特有の文化があることを無視できない実態があります。ハーバード大学のエドモンドソン教授の著書『恐れのない組織』（英治出版）のなかに、心理的安全性という話がありますが、男型社会が長らく続いている日本企業が難しい点として、女性の管理職比率を高めようした瞬間に男性が「男らしさ」が脅かされると感じ、抵抗するようになる傾向が考えられます。

　実際に、心理的安全性は男らしさを競う企業文化においては、組織を不安定なものにするという研究もあります。「男らしさ」が脅かされていると感じたとき、女性への嫌がらせなどが起こり、逆効果になるという懸念があります。脅かされていると感じないように、上手に導入していく配慮も必要です。

──なるほど、それは初めて聞くような興味深い話ですね。それならある意味で逆効果になりますね。このような表面には見えにくい阻害要因が潜んでいて、日本では思うようにダイバーシティが進まないのかもしれないと気づきました。

　ところで、話は変わりますが、「モノ言う株主」投資家に関して、そのスタンスは近年、変わってきているんでしょうか。

保田　はい、すでに変わってきていますが、来年、再来年はもっと変わると思います。2022年の欧米での株主総会は、ESG対応ができていない企業に対して、株主が「ものを言う」シーンが増えてきていました。次は日本にもくると思います。個人的には、むしろ起きた方がいいと思います。日本は外圧がかかって初めて、いろいろといい方向に改善されることが多いですから。

人事は「ダイバーシティ＆インクルージョン」の推進と組織変革の設計を

──人的資本経営を推進する人事部門に対してメッセージをお願いします。

保田　人事部門がリードをとって取り組めることの一つが、「ダイバーシティ＆インクルージョン」です。前述の通り、業績につながるからです。推進のための「社内コミッティ」を設計することをお勧めします。

　もう一つ人事部門が取り組むべきことは、組織変革のための制度や研修の設計でしょう。組織変革には「システム的」「文化的」「行動的」という3段階でアプローチしていくことがよいと考えられています。システム的とは、育休やテレワークの導入など制度を整えていくこと。文化的とは、アンコンシャスバイアス

（無意識の偏ったモノの見方）を変えるようなアウェアネス（気づき）のトレーニングなど。刷り込むくらい実践していただくと、組織は行動的に変革していきます。

　ここ数年、トヨタ自動車をはじめとした企業から「パーパス経営」といった言葉が聞かれるようになりました。そもそも企業が収益を向上させるのは、「パーパスを実現するため」です。陰に隠れていたパーパスやミッションにいま一度着目し、収益を上げるための「拠り所」としてもらえたらと思います。

保田隆明　1974年兵庫県生まれ。リーマン・ブラザーズ証券、UBS証券で投資銀行業務に従事した後に、SNS運営会社を起業。同社売却後、ベンチャーキャピタル、金融庁金融研究センター、神戸大学大学院経営学研究科教授等を経て、2022年4月から現職。2019年8月から2021年3月までスタンフォード大学客員研究員として米国シリコンバレーに滞在し、ESGを通じた企業変革について研究。上場企業の社外取締役も兼任。主な著書・共著に『SDGs時代を勝ち抜くESG財務戦略』『地域経営のための「新」ファイナンス』『コーポレートファイナンス 戦略と実践』など。博士（商学）早稲田大学。

2 人的資本経営を“看板の掛け替え”で終わらせてはいけない
個人の自由と裁量をどこまで尊重できるかが鍵

浜田敬子
（ジャーナリスト／Business Insider Japan前統括編集長／AERA元編集長）

　大手新聞社の記者から編集者、スタートアップへの転職からフリーランスを経て、大手企業に再就職という、ご自身のキャリアを常に新しい点と点で結びつけていく浜田敬子氏に、ジャーナリストとしての鋭い洞察と確かな道筋を示していただいた。浜田氏は経済産業省の「持続的な企業価値の向上と人的資本に関する研究会」のメンバーでもある。

数値目標だけを達成しても「人的資本経営」とはいえない

──浜田さんはこれまで、ジャーナリストとして世の中の情勢を冷静かつ強い希望を持って見つめてこられました。今回のテーマである「人的資本経営」に関しても、ぜひ忌憚のない率直なご意見をうかがいたいと思っています。

浜田　前提として、私は人的資本経営というお話について、若干、懐疑的で辛口に見ています。その点をご理解いただきたいです。

──今日的な人的資本経営の高まりに対して、人的資本に関して、私は20年以上前からこのテーマを扱ってきました。ですので、現時点だけではなく過去の経緯を振り返りながら、あくまでも中立的な視点で見ています。当時は新しい概念だと思っていながら、これが日本企業のなかに入り込んでいくとどうなっていくのか、強い関心を持って30年間ウォッチしてきました。

　最近になって急に耳目を集めはじめ、また単なるバズワード化現象に陥ってそのうち熱が冷めていくのではないかと、ジョブ型雇用が注目されたときと同じように当初は捉えていました。

　2020年に発足した、経済産業省の「持続的な企業価値の向上と人的資本に関する研究会」、いわゆる「伊藤レポート」（以降、「伊藤レポート1.0」）に関わる会に参加されていましたが、その研究会からの浜田さんへの期待値と、浜田さん

ご自身の参加スタンスについて教えてください。

浜田　経済産業省から声がかかったときは、「働き手側からの意見がほしい」と言われました。私はその前に、産業構造審議会2050の「経済社会構造部会」という有識者会議に参加していまして、そのときは社会保障制度の設計とか、定年延長に関して議論していました。

　その部会には、経営者、アカデミア、労働組合からの参加がありましたが、働き手側の意見としては、組合しかいなかったので、なんとか、若年層の働き手の代弁ができないかと思っていました。当時、私はBusiness Insiderの編集長だったので、20代・30代が働くキャリアに対してどういう考えを持っているのか、フリーランスや副業などの話も含めて教えてくださいと言われました。

　私にとって初めて参加した有識者会議だったのですが、私はちょっと異色だったんですよね。正直、有識者会議って、業界に有利なポジショントークですよね。だから、アカデミアの人とか私のような立場の人間が客観的にものを言う。こういう形で国の人材戦略や社会保険制度が決まっていくのだなと感じました。

　そこでは、「いまの若い方たちがこういう考えです」という意見を述べていました。伊藤レポート1.0の研究会では、座長である伊藤邦雄先生の考えがあって、それに対して投資家側、企業側からの意見が述べられるというものでした。

　当時、働き手側の立場としては、もう一人参加者がいらっしゃいました。ただ、委員会が始まったのがコロナ禍になった直後で伊藤レポート1.0のときは、議論にすらなっていなかった。初めてのオンラインでしたからね。皆さんが用意してきたことを、例えば自社の事例とかを、何社ずつ述べるといった形で進みました。「投資家サイドからはこうです」とか「企業サイドからはこうです」とか。

　個人的には、実のある議論はできていなかったと思います。うまく着地できているのかが不安で。伊藤先生が、このままでは着地しないだろうと思って、2.0のメンバーが招集されたのではないかと推察しています。あくまでも想像です。

――働き手の代弁者として参加されたということでしたが、研究会のなかで、浜田さんはどのような役割を発揮して、それを研究会からはどのように受け止められたのでしょうか。

浜田　伊藤レポート1.0のときには、やはり人事サイドの議論に終始している、と思いました。人的資本などと最近になって言われるようになったけれど、そもそも本質は、「企業が、その人材をどういう風に考えるか?」という視点です。企

業と働き手の関係性について、これまではこういう形で、企業が働き手を管理するような関係か？ はたまた対等に考えてフェアな関係か？ そういう点で言えば、まだまだ足りないと思っています。

　危機感を持ってはいるが、新しい概念という形で「看板の掛け替え」に終わらないか、ということです。突然、人的資本といった言葉が出てきたように思えますが、これはずっとある課題で、企業・組織と個人の関係をどう考えるかは、バブルが崩壊して、1990年代からずっと存在しています。

個の存在、個のタレントが活かしきれていない、
その結果、イノベーションが起きていない

浜田　ジェンダーギャップが解消されていない、という状態。人的資本経営の何か指標をもとにして、数値だけ達成していれば新しい目標を達成できている、なんて安易に考えないでもらいたいです。「看板の掛け替え」に終わってほしくない。個人個人をどう活かすのか？ 前提として、D&I（ダイバーシティ&インクルージョン）さえ起こっていない。結局、「女性活躍」という言葉が「1億総活躍」になって、次に「D&I」になって、現在は、「人的資本経営」になっている。そんな危機感を抱いています。

――「事業は人なり」と言ったのは松下幸之助で、高度経済成長期のお話です。それから、1987年に、一橋大学の伊丹敬之教授が、『人本主義企業』という著書のなかで、欧米の物的資本に対して、日本は人本主義であると説いていた。「人は大事だ」って言う経営者はいるが、実質、この30年間、何も変わっていません。その原因の一つが、日本企業におけるアナログの時代の「すり合わせの力」が、デジタル時代になって、活かされていないからだという説があります。スピードとアジャイルって言われてしまうと、アナログ時代の強みが弱みになってしまう。どうやって成功モデルを取り戻せるのか、悩ましいですね。

浜田　そう思います。私は、人的資本というまえに、新しい経営戦略がなければ、人的資本は言葉だけに終わると思っています。人をどう活かすかというまえに、自分たちの企業の成功モデルをつくらなければなりません。イノベーションって言われますが、社員を自由な発想で、自由に働いていいよと言って、コロナ禍によって多少、柔軟な働き方がされるようになりましたが、現在では、また出社型に戻して社員を管理しようとしています。

ただ、「CHROを設置する」とか「取締役会で人事の話をしよう」といった手段の話に終始し、人的資本経営は言葉だけで終わってしまう可能性があると、危機感を抱いています。それから、ダイバーシティの話でいうと、ダイバーシティの何が大事なのか、本質的なところを理解していない方（経営者）も多いと思っています。人的資本とかダイバーシティといった言葉や概念が入ってきても、さらに混乱するか、後回しにしてしまうだけ。看板だけになっている印象です。

――先日、ある企業の経営者の話を聞きました。東証プライム上場企業であり、グローバル企業の経営者なのですが、その会社の人事部長が社長に、「人的資本の開示項目をどうすればいいでしょうか?」と相談したら、「他社の項目を真似して、無難なところに落ち着けばいいよ」と言われたそうです。

浜田　そういったケースは多いと思いますよ。「くるみんマーク」のようになってしまうと思うんですよ。取得することが目的になってしまっている。一人ひとりの女性たちのキャリア、やりがいが設計されているかというと、そうはなっていない。働き方を見直していないし、男性たちの働き方も変わっていない。数値だけを整えただけで、本質的なところがないままに進んでしまうのは危ういですね。

――伊藤レポート1.0の研究会では、クリティカルな議論はされていましたか?

浜田　委員会が始まったのが、オンライン会議を導入した初期の頃で、何度も落ちたり、入れなくなったり、議論の場自体も減ってしまったりして、私自身、この会議がどこを目指しているのか、私に何を期待しているのか、見失いかけました。

　以前に出席した経済社会構造部会では、私自身が意見を言ったり、例えば「新卒一括採用、年功序列のまま、定年延長したら20・30代に対して魅力のない職場になりますよ!」と伝えたりしていました。伊藤レポート1.0では、掛け合いのような議論はなかったですね。

人材は企業だけのものではなく公共財

――浜田さんは、働き手側から参加されましたが、働き手側から見たときに、人的資本経営が推進されている企業というのは、どんなところがメリットになりますか。

浜田　もっと「人材をどう捉えるか?」という話から、議論をしてほしかったな

と思います。人事戦略、企業戦略に関する話だけだった。これから日本は、人口減少が進んで、労働力不足に陥ります。私は人材を、公共財として捉え直した方がいいと思っているんです。今回の伊藤レポートでは、「企業に属した人材」としてしか出ていないと思っています。

　兼業・副業も進んでいくなかで、1社で抱え込む時代では太刀打ちできない。大きく変えていかないといけないですよね。日本はもっと踏み込んでいかないと、間に合わないと思っている。新卒一括採用のような形で人材を入社させた企業は、コストの元を取り戻そうとして、人材を管理するんです。その在り方自体を考え直さなければいけないと思います。

　そのため、まずは「人材は誰のものなのか」という議論を行う必要があります。そういった点から、私は人材を「公共財」と捉え直し、育成やリスキリングを担うべきだと考えています。若い働き手がいま抱えている、「1社に属する感覚がない」とか「いろんなチャレンジをしたい」とか「地域に貢献しながら企業の仕事もしたい」というニーズと、日本の課題である人口不足による働き手不足、これはどこかでマッチングするはずだと思います。人材が企業から出るというケースを含めて、もう一歩踏み込んだ議論をしてほしかった。そうするところで初めて、人材側からしても柔軟性とか、働きやすさといったメリットが見えるのかなと思います。

——日本型雇用から、ジョブ型雇用へ転換しようとしています。まさに、個人と企業がフラットな関係に向かおうとはしていても、日本は雇用の流動性が低いのでなかなか思うように進んでいません。日本企業は、海外の企業をキャッチアップすべきでしょうか。それとも、日本固有のモデルでジョブ型を進めるべきでしょうか。

浜田　例えば、新卒一括入社は若年層の失業率を抑えるという意味では、社会的に価値のあることかもしれません。ではどうすべきかというと、新卒一括採用をして30・40代を迎えるところで雇用関係を見直すのがよいと思っています。プロフェッショナルなスキルを持った方向へ進むのか。全員じゃなくてもいいのです、個人個人、見直せるのがよいと思います。

　私自身、欧米のジョブ型が100％いいとは思わない。日本は新卒一括採用をすることで若年層の失業率を抑えているわけだし。逆に、ジョブ型とうたっている日本企業（例えば日立製作所、富士通）は本当にジョブ型になっているのか、日

本企業型のジョブ型と呼ばれるものではないかと思います。

「うちは、その人のジョブがなくなってもクビにはしません、社内で回せます」と、ほとんどの企業がおっしゃいます。だからこそ、手に職をつける政策とか、リスキリングの政策が充実しているなどが、あった方がいいのではないかと思います。

　ジョブ型雇用に関しては、佐々木さんの考えもおうかがいしたいです。

――ジョブ型雇用の定義は広く、解釈はそれぞれです。広い概念では、「雇用そのもの」と捉えます。雇用とはつまり入口と出口ですから、日本の法律に則した方法で行う必要があり、それは欧米のようには推進することはできません。一方、狭い概念では「マネジメント」と捉えます。つまり人事評価を変えるということ。人事領域だけの話に限ったことです。

　メディアを含め日本では「ジョブ型」をよく定義せず、便利に使ってしまっています。日本でジョブ型を持ち出す際にはまず定義することが重要だと思います。

女性活用やジェンダー不平等は「人権問題」

――少し視点を変えた話題にしたいと思いますが、ESGという大きな概念があります。人的資本経営はESGのなかでも「S＝ソーシャル」に該当するものかと思います。日本企業におけるESG経営の取り組みのありようや、働き手にとってのメリットについてどうお考えですか。

浜田　日本企業にとって、ESGのなかでも「E＝環境」は取り組みやすいテーマだと思います。一方、「S＝ソーシャル」の概念が非常に弱い。私は「ソーシャル＝人権」と考えています。ジェンダーやダイバーシティといったテーマを多く取材しているのですが、とある日本企業の経営者に、「目の前にいる女性を活用できていないことやジェンダーの不平等を解消できていないことは人権の問題です」とお伝えすると、否定されたことがあるのです。人権問題と経営がどう関係するのかに、ピンときていない経営者や人事の方が多い印象を受けます。

　だから私は取材や講演では、「現場のサプライチェーンにおける人権問題や、LGBTQや障がい者といった方だけでなく、そもそも最も人数の多い目の前にいる女性に対してできていないことがたくさんある。それが人権の問題です」とお伝えしています。「ESGの『ソーシャル＝人権』の問題なんです」と。

例えば、米国では人的資本って言わなくても、企業ではクレドといった概念で共有している。欧州では、エシカル的な側面として「誰も差別しない」という概念。松下幸之助が言った「事業は人なり」のように、そういった企業の哲学的で、本質的なところを考えていない日本企業が多いと感じています。

——日本はほぼ単一民族のなかで、ジェンダー問題にしても差別に対して危機感がない、実感がないという側面もあると思いますが、欧米企業から取り残されてしまっている感じはあります。どうやって経営者は危機感を醸成していくべきでしょうか。

浜田　海外の企業がどこまで本気で取り組んでいるのか、その事例を知らないのだと思います。日本は世界と比べて「一人当たりの生産性」もGDPも下落している。その原因は、「組織に多様な人材がいないこと」「企業のなかに差別があること」だと思うのです。ESG経営に「人権」という概念が含まれているなかで、ダイバーシティ＆インクルージョンに取り組まなければ、サプライチェーンからも排除されるかもしれない。こういったことを繰り返し伝えています

トップから一人ひとりが働きやすい会社づくりを

——日本企業のなかで人的資本経営が実現できている、または実現が期待できると思う企業はありますか。

浜田　「こういったところから企業は変わっていくのだろう」という兆しが見える企業がいくつかあります。1社目は、富士通。代表取締役社長に就任された時田隆仁さんが、日本企業の停滞、組織自体に危機感を抱かれて、人事制度改革を始められました。例えば、新任の課長は「手挙げ制」を採用し、結果、20代・30代の人材が課長になって年功序列が崩れているそうです。

　女性の管理職も増え、ワーキングマザーが活躍できる環境も整え、一人ひとりの人材が大切にされていると感じている。結果的に人的資本経営になっているのだと思います。「人的資本経営」という概念が先に出てしまうと、何から手をつけてよいのかわからなくなってしまうのかもしれません。

——富士通はジョブ型を採用した企業のなかでも先駆者的な存在ですね。概念から入るのではなく、「結果としてジョブ型になった」のではないかと推察しています。同じように、三菱ケミカルも「手挙げ制」を採用し、企業からの転勤・異動辞令もなくしたと。非常に画期的だと思いました。やはりトップが変わらな

いと、組織も変わらないのでしょうか。

浜田　トップが「本質」を理解しているかどうかです。人的資本経営という言葉があろうとなかろうと、自社の課題を見つけ、あるべき姿を描き、いかに働きやすい会社にするのか。それを個社ごとに考える必要があると思います。繰り返しになりますが、会社と個人の関係性が対等になってからでないと、人的資本経営はできません。

　他にも事例を紹介します。まずはメルカリです。スタートアップ企業は体力があり24時間戦うのが当たり前だったなか、代表取締役CEO（社長）の山田進太郎さんはシリコンバレーにある会社を見てきて、男性単一性の組織ではビジネスは成長しない、ビジネスを成長させるためにはダイバーシティ＆インクルージョンが有効だと考えたそうです。差別をなくすこと、マイノリティ（メルカリでは女性と外国人）を活躍させることで、一人ひとりを尊重する会社を築いています。

　仙台銀行の取り組みも学びがあります。仙台銀行は、男性は営業職、女性は事務職と役割が固定化されていましたが、東日本大震災による業績悪化を皮切りに、女性にも営業活動を担ってもらうことにしたそうです。すると、女性の方が共感力も傾聴力も高く、業績が紐づいていったと。危機感があった企業ほど、「眠っている能力を引き出す」という考えに素早く切り替えられているなと思います。

　愛知県瀬戸市にある大橋運輸は、「新・ダイバーシティ経営企業100選プライム」に選ばれています。1990年にトラック運送の規制緩和があり、誰でも参入できる業界になった結果、運転者の確保が難しくなってしまいました。そこで、いままで男性ばかりを採用していたところを女性も採用するようになり、安全管理に関わる仕事などを任せることで事故の数が減ったそうです。外国人、LGBTQ、障がいのある人など、いろいろな立場の人を積極的に採用し、働く個人の能力をいかに引き出すかを大切にしています。

──素晴らしい取り組みですね。最後に、日本企業の経営者や人事関係者に向けてメッセージをお願いします。

浜田　「人が大事」と誰もがおっしゃいます。しかし、企業による管理・監視から離れられていないと感じます。大切なのは「信頼」です。個人の自由と裁量をどこまで尊重しているのか。そこに、会社の本質的な姿勢が出ると思います。こ

の評価は対等になっているか、この制度は社員を尊重することにつながっているか、といったことを一つひとつ見直されるのがいいと思います。

浜田敬子　1989年朝日新聞社に入社。前橋、仙台支局、週刊朝日編集部を経て、1999年からAERA編集部。副編集長などを経て、2014年からAERA編集長。編集長時代はネットメディアとのコラボレーションや1号限り外部の人に編集長を担ってもらう「特別編集長号」など新機軸に挑戦。2017年3月末で朝日新聞社を退社し、世界17カ国で展開する米国の経済オンラインメディアBusiness Insiderの日本版を統括編集長として立ち上げる。2020年末に退任し、フリーランスのジャーナリストに。デジタル・ジャーナリスト育成機構を設立、代表を務める。「羽鳥慎一モーニングショー」「サンデーモーニング」のコメンテーターを務めるほか、ダイバーシティや働き方などについての講演多数。著書に『働く女子と罪悪感』『男性中心企業の終焉』。

3 ｜ 企業特殊性を最大限に活かす
事業戦略と人材戦略を

内田恭彦（山口大学経済学部教授）

　内田恭彦氏は、「人的資本経営」を30年以上にわたって研究してきた。言葉は根づいていなくとも、「人的資本経営」を体現してきた日本企業は実は多いと語る。ビジネスモデルの歴史をひもときながら、競争を戦い抜く日本企業の差別化戦略をうかがった。

「人的資本」に依存した経営を行ってきた日本企業
——内田先生は30年以上前から人的資本に関する研究に携わってきました。日本企業に根づかなかったこの「人的資本経営」がいま、注目されている理由について、率直なところ、どう感じていますか。

内田　「人的資本経営」という言葉自体は流通していなくても、一部の日本企業は人的資本経営の「本質」に近いことをやってきたと考えています。日本企業は「人的資本に依存した経営を行ってきた」ということです。日本には根本的に「企業特殊性の高い技術、知識を企業内部で開発・蓄積し価値創造を行う」というメカニズムが根づいているように思います。いま、注目される理由は「知的資本」の時代が到来したからです。知的資本をつくり出すのは人間ですから、人材に注目するのは当然の流れだと考えます。

——この30年の間に「人的資本経営を推進してきた日本企業は多い」とのことですが、その理由をもう少し詳しく教えていただけますか。

内田　日本企業についてお話しする前に、世界のビジネスモデルの変遷から説明させてください。英国で起きた前期産業革命以前の時代、ビジネスモデルの中心は「交易」でした。ある物を生産している地域では希少性がないため安くしか売れないが、それを遠くの地で高く売り、その差分で利益を生み出すというものです。

　その時代、企業はオーナーが地域間価格差にもとづき交易計画（＝戦略）を立

て、その遂行のための必要な人材は外部の人材ネットワーク（労働市場）から航海のたびに集められ、航海が終われば解散していました。企業の価値の源泉は企業外にあり、人材は戦略遂行の単なる手段にすぎなかったので、これが合理的なビジネスモデルでした。

19世紀後半からの後期産業革命以降、ビジネスモデルの中心は製造業へと変化します。部品から何からすべてを自社で製造し大量生産するフォード生産システムのように、社内で特殊な技術を持ち、技術の効率性で利益を生み出していました。会社で人材を雇用する必要性が生まれ、知識と技術のあるエンジニアなどは終身雇用となりました。そして、他社との競争に打ち勝つために差別化を図るようになります。

こうした歴史的流れのなかで従来の交易型のビジネスモデルを強く継承する「外部から機械を購入し、部品や材料を安く仕入れ、高く売る」といったビジネスモデルが生まれます。一方で、「人材を長期的に雇用しながら企業内部に特殊な知識、技術を開発・蓄積し、差異化の源泉とする」という新たなビジネスモデルが発達しました。後者は企業内部に差異化する装置を持つということです。

1980年にマイケル・E・ポーターが『競争の戦略』で、5フォース・アナリシスや3つの戦略類型（「コスト・リーダーシップ戦略」「差別化戦略」「集中戦略」）を提示しましたが、後期産業革命以降の生産性の拡大で市場が飽和していくなか、供給側の価格交渉力が低下していたので、彼の効率的な投資先の選択や事業の差別化の判断のためのフレームは時宜を得たものでした。当然、内部に差別化の装置を持つ人材を長期に雇用し、企業特殊性を築くビジネスモデルは競争優位を有するものとなりました。

日本はというと、1950年代を中心に各地で大きな労働争議が生じたこと、およびQCサークル活動（小集団改善活動）が導入され、ブルーカラー人材の強化がなされたことから、ホワイトカラーだけでなくブルーカラーの終身雇用も進みます。その結果、人材の人的資本（知識、知恵、経験）を活かした画期的なアイデアで現場改善がなされ、企業が世界での競争力に打ち勝っていきました。製造だけでなく研究開発などでも同じ手法が用いられ（TQC）、特殊なビジネス、突き抜けたビジネスを行う日本企業が増えていったのです。日本のメーカーが1970年代に発展したのはこのためであり、日本企業の一番の強みであると思います。

自社の強みの言語化と技術者の社内育成を強化し差別化を

――なるほど。興味深いお話ですね。世界と比較して、日本企業が優れていたことを示す事例があれば教えてください。

内田　例えば、富士フイルムです。フィルム技術は大変高度なもので、1990年代は世界に4社しかありませんでした。イーストマン・コダック（米国）、アグファ・ゲバルト（ドイツ）、コニカ（日本）、富士フイルムのうち、現存するのは富士フイルムのみ。その背景に日本企業の競争優位性が見えてきます。

　コダックに追いつけ追い越せと技術革新を行った富士フイルムは、1985年頃にはすでに技術力で追い抜き、95年頃には売り上げもほぼ同じだったといわれています。そして、2006年に富士フイルムホールディングスと傘下の富士フイルムの代表取締役社長・CEOに就任した古森重隆氏が大改革を行うのですが、営業出身の古森氏は技術者に対して、「富士フイルムの本当に優れた技術とは何なのか、どう活かせるのか」を言語化するよう伝えたそうです。

　結果的に酸化還元制御技術、ナノ分散技術、粒子形成技術などが明確になり、スキンケアや再生医療、高機能材料、光学・電子映像といった新しい事業においてそれらが再活用されました。

　内部に蓄積された「企業特殊性の高い知識、技術、経験」を「新製品・新サービス市場」に応用したことで、デジタル化の波にも負けず、フィルム業界最後の1社として生き残ったのです。

――日本企業は「人的資本経営」に近いものを実施してきたにもかかわらず、「失われた30年」と呼ばれるほど成果につながらない時代を経てきたのは、日本企業が世界と比べて「デジタル化」に後れをとったことが影響していますか。

内田　デジタル化が進んで、日本の優れたモノづくりがなくなったかというと、そのようなことはありません。優れたモノづくりの現場ではAIやコンピュータが導入されており、そこに入力される技術や知識は、終身雇用の人材が試行錯誤の過程や結果で開発したものとなります。日本特有のアナログのすり合わせ技術やPDCAサイクルなどを活かしたベストなDXの解決策を導こうとしている過程だと思います。

　とはいえデジタル化が遅れてしまった原因もあると思います。その一つはデジタルに対する拒否反応です。野中郁次郎先生と竹内広高先生の『知識創造企業』（東洋経済新報社）によると、ホンダ（本田技研工業）の「トールボーイ」という

車は、「狭くても感覚的に広く感じられる快適な空間とは」を議論していくうちに、開発メンバーに暗黙知が蓄積され、それが「球体」というコンセプトに形式知化され、できあがったということです。この経験は、形式知中心のオンラインでの議論や数値によるシミュレーションでは、困難だと考えらえます。こういった事例から見ても、日本企業では「暗黙知はデジタルでは伝えにくい」と考え、ITの積極的な導入を不安視したのではないでしょうか。

もう一つの原因は、多くの日本企業がITの技術者を社内で終身雇用するのではなく、外部のシステムインテグレーターに全面的に委託してきたことです。システムインテグレーターの技術者は汎用性が高く、コストのかからないシステムの構築を望み、企業独自の差別化や戦略を盛り込んだシステムの構築は望まないといった話を聞いたことがあります。

トヨタ自動車の2021年の統合報告書には、クルマとさまざまなネットサービスを統合するために、全社で1万8,000人のIT技術者を擁していることが記されています。モノづくりでも、主戦場がソフト分野に広がっているのです。今後は、企業の差別化に貢献するIT系の技術者を社内でどれだけ育成できるかが、鍵となりそうです。

失われた30年と人的資本経営の関係で、デジタル化以外の要因として経営者の考えが変化したことも挙げられます。私がインタビュー調査したある企業の事例です。バブル崩壊後、日本の企業が不振に陥った頃の話です。

その企業は創業から人の才能を重んじ、人を育てながら大きなイノベーションを次々と起こして世界的に有名な企業になりました。経営のトップが交代してからは、「企業価値経営」という名のもとに自社の株価、発行株式数を最大化することに舵を切って、金融市場に対するメッセージ発信を通じて関心を呼び、企業価値を高めていきました。新自由主義の考えにもとづく経営が新しい経営方法という地位を確立しはじめ、日本政府も後押しして皆がその方向に進んでいきました。

しかし水面下で何が起こっていたかといえば、研究開発や生産現場が弱体化していきました。現場は一銭一厘の世界で日夜努力しているのに、一方でトップの発信一つで自社の株価が億単位で跳ね上がる。そしてトップが金融市場に関心を強く持つことから、現場の士気は下がっていきました。

結果としてその企業は新規事業でグローバル競争に敗れ、従来の事業領域でも

かつてのようなヒット商品がまったく生まれず、その後長期に低迷していきました。人的資本とそれにもとづく知識創造の方法を毀損していたと、考えています。その企業はいま、新たなトップのもと、時間はかかりましたが、またかつての良き人的資本経営に戻り、大復活し、好業績を上げています。

――少し視点を変えてみたいと思います。日本企業が抱えるミドル・シニア人材の活用に対して、大企業を中心に頭を悩ませている一方で、なかなか解決の糸口が見つかりません。手をこまねいている企業が多いなかで、古い技術を再活性化させる、日本が大切にしていたコア技術はもっと活かせる余地があるはずで、かつて活躍していた人が持っている技術なり知見を過去の陳腐化したものとして扱わず、再度活かせる機会を探し出す。このような発想こそが人的資本経営だと思うし、そのメッセージ性がとても重要だと思うのですが、どのように考えられますか。

内田　2010年頃に、パナソニックがインドでエアコンを製造・販売して大成功をおさめた話があります。

　当時のインドは新興国で、年収が日本円で200万～300万くらいのいわゆる「新中間層」という人が多いなか、パナソニックの製品は例えばエアコンが数十万円以上の値段で売られていた。新中間層の人には手が届かない値段だったため、インドの家電売り場で日本製のシェアは1％にも満たなかったのです。サムスンやLGが市場を席捲していました。

　ところがインドに派遣されたパナソニックの方が、生活研究所というのをつくって年収200万、300万円のインド人の生活ぶりを研究してみると、窓がなくて暗いところに、音がうるさいウィンドウエアコンが回っていて、それで涼んでいました。価格は4万円程度。サムスンやLG製です。インド人は、音はうるさく、少ない窓を犠牲にしてしまうが、値段を理由にそれを購入していたことがわかりました。

　そこでパナソニックは、市場のニーズを最大限絞り込み、同社の過去の技術を活かして、デザイン性を高めた室外機設置型のエアコンを開発しました。静かで窓を犠牲にせず、しかも競合と同等の価格帯で。機能を適切に絞り込み、すでに開発費は回収されていると思われる旧来の技術を活用し、マレーシアのほぼ無人の工場で製造したためコストが低く、韓国企業のものよりもはるかに競争力がありました。最先端の技術にばかり目が行きがちですが、古い技術でも企業特殊性

を有するものがあります。

　こうした日本では「償却済みの技術」を再活用し、「価値あるもの」として新興国市場に持っていくことはとても重要でしょう。古いけれど企業特殊性のある技術などの再活用は、範囲の経済性によるコスト競争力をもたらし、さらなる競争優位性を構築します。また「古い技術」をよく知るミドル・シニア層の活用につながるでしょう。日本企業は最先端技術の開発と製品化を強く意識しますが、このことにも積極的になった方がよいと考えています。

──素晴らしいお話ですね。なかなかその発想には向かいません。どうしてもミドル・シニアの活躍領域を限定的に見てしまう先入観が、人材という無形資産の活かし方を見失わせていることに気がつかなければ、いつまで経ってもミドル・シニアの活性化は成し得ませんし、本質的な人的資本経営には至らないような気がします。

企業特殊性を最大限に活かす

──2022年より経済産業省、金融庁、内閣官房が「人的資本経営」に関するガイドラインを明示しはじめました。政官主導ともとれる動向をどう受け止めていますか。

内田　本来、「人的資本経営」は答えありきで議論するのは難しい内容だと思います。長い歴史のなかで「人的資本経営」を捉え、評価し、「何を行うべきか」から議論することが重要です。気になるのは、バブル崩壊、アジア通貨危機、リーマン・ショックなどの影響からか、日本の経営者が自信を失い、短期的で確実に利益を確保できる単純なことにのみ答えを求めようとし、それを政府が後ろからサポートするように見えることです。業績が悪化したら、終身雇用を廃止して、リストラで利益を確保しようとか、非正規雇用の比率を高め人件費を抑制していこうということです。

　短期的に確実に成果の出る施策ばかりを実施していては、日本企業の強みを活かしたイノベーションができず、長期的なグローバル競争から退出しなければならなくなります。「新しい時代のための新しい企業経営を長期的に考えること」が重要ではないでしょうか。

　最後に1点だけ、触れておきたいことがあります。内閣府や経済産業省から発信される伊藤レポートなどもそうですが、そもそも人的資本に関する定義が、し

っかりとなされていないと思っています。

　2015年のアメリカ経営学会のジャーナルに、2014年にサウス・カロライナ大学で開催された面白いシンポジウムの報告がありました。そのシンポジウムは、人的資本に対する定義や考え方が各所でバラバラになっていて、再整理しないといけないということで開催されたのです。

　そこでは、人的資本の価値の源泉は汎用の知識・技術なのか、企業特殊性のそれなのかについても議論されました。参加者は当然、米国で活躍している研究者が多かったからだと思いますが、産業界は産業特殊性を意識し企業特殊性は意識していない、この議論は机上の問題でしかない、ということになりました。

　職務主義と外部労働市場を多用する社会システムが形成されているので、企業も働く人も企業特殊性の教育・学習にコストをかけるのは非合理なものとなってしまいます。一方日本では、職能主義のもと、職務を定めず人物評価で新卒採用を行い、終身雇用制で内部労働市場を活用します。ここでは企業特殊性の教育・学習は合理的なものとなります。そしてこの方法は、後期産業革命以降の企業内部に企業特殊性を涵養し、競争優位性を構築するビジネスモデルに適合しています。

　日本に話を戻しますと、人的資本の企業特殊性についての議論がほとんどなく、この結果、例えば人材育成に関して、企業特殊性を活かしたうえでの投資が重要である、という議論はまったく入ってこなくなります。もっといろいろな方面の専門家の知識が入って、建設的な議論を通じて発信されるとより良かったのでは、と思っています。

――最後にCHRO、人事部長、人事に携わる人に向けてメッセージをお願いします。

内田　「自社の強みの源泉は何か」「企業特殊性の高い知識、技術、経験は何か」をきちんと洗い出す必要があります。そして、「新たな時代を取り巻く環境」を把握し、「企業特殊性」と組み合わせることで、「どんな方向性に向かって、どんな新しいサービスを提供していくのか」という事業戦略をいま一度確認していただきたいです。

　さまざまな価値観を持つ人材がいるなかで、企業特殊性の高い知識、技術、経験を持ち、高度な判断ができる人材をどうやって育てるのかという人材戦略を考えることが、今後必要になると思います。

内田恭彦　1989 年慶應義塾大学社会学研究科修士課程修了。その後リクルート入社。人材関連事業の商品開発・新規事業開発などを行う。2004 年に神戸大学経営学研究科助教授となり 2006 年より山口大学経済学部准教授、2008 年より現職。2016 年に神戸大学経営学研究科後期博士課程修了。戦略的人的資源管理および知的資産経営論を専門とする。主著に『日本企業の知的資本マネジメント』（共著）。日本知的資産経営学会副会長。

第 **III** 部

先端をいく企業は
何が違うのか
実践の現場の声

第III部は、人的資本経営を実践している先進企業の人
事部門責任者に取材した情報をまとめたものである。こ
れまでに公表されている各社の事例とはやや趣を変えて、
人的資本経営に至る背景や進めていくうえでの各社のポ
リシー、企業特性やその経緯を知ることを重視した。外
形的な枠組みではなく、組織に持続的に根づいていくた
めに必要とされるエッセンスを探り出すことを目的とした。

1 | KDDI
投資家との対話は学びの宝庫

　ジョブ型「御三家」の1社、KDDIに着目して、「ジョブ型マネジメントと人的資本経営との連動」にチャレンジする同社の人事責任者である白岩徹氏（執行役員コーポレート統括本部人事本部長）に話をうかがった。また、経済産業省が設置した「人的資本経営の実現に向けた検討会」（人材版伊藤レポート2.0）の参加メンバーとしての見解を知ることもできた。

ジョブ型人事制度との連動

　KDDIの主力である通信事業は、想像以上にさまざまな産業に溶け込んでいる。今後その傾向はますます強まり、各部門のパフォーマンスを発揮するために、まずは部門に所属する社員一人ひとりのケーパビリティ（能力）を最大限に活かしてもらうことが急務だと考えた。中期経営戦略で掲げる経営基盤強化の一つとして「KDDI版ジョブ型人事制度」を2020年に導入し、さまざまな施策を行っている。そのすべてが経営戦略と連動している。そして、「As is-To be ギャップ」を行いながら、部門ごとの人材ポートフォリオを策定している。

　まさに、「人材版伊藤レポート2.0」にある、経営戦略と人材戦略の連動と目指すべき姿（To be）を設定し、現在の姿（As is）とのギャップを把握したうえで人材ポートフォリオを設計すべきという指針を、実践している企業と言っていいだろう。

人的資本経営の「情報開示」におけるKDDIの独自性

　事業変化に対応できる基礎スキルを身につけるため、2022年度は6,000人、24年度には全社員終了を目標にDX基礎研修を実施している。さらに、離職率や採用費なども開示していく方向にある。開示にあたり参考にしているものの一つは、ISOが発表した「ISO30414（人的資本の情報開示に関するガイドライン）」だ。

　2022年の現段階では、提示されている11領域49項目を精査し、必要なもの

の開示準備を進めている。ダイバーシティに関する情報開示は、2022年度に新たに立ち上げた「サステナビリティ経営推進本部」と議論しながら実施している。他には、サクセッションプラン（後継者育成計画）に関して、「将来の経営者をどう育成していくのか、育成にどれだけの投資を行うのか」といった情報を開示する方向にある。

KDDIの人的資本経営に対する姿勢は明確だ。今後の方向性を経営層と議論するなかで、「人的資本経営に関する情報開示は避けては通れないもの」という認識で合致している。例えば今後、離職率が上がったとしても、離職率をネガティブな情報と捉え開示しないといったことはせずに、むしろ新たな課題と捉えて対策していこうという、ポジティブな取り組みにその特徴がある。

積極的に投資家と対話を

人事本部長の白岩氏は、人事に携わってきた10年近くのなかで、これまでになかった大きな変化を感じている。ここ数年は同社のIR担当から声がかかるようになり、株主や投資家に対して「人事制度」などの説明を直接する機会が増えたからだ。

経済産業省が設置した「人材版伊藤レポート2.0」に参加した白岩氏は、名だたる投資家との対話のなかで、鋭い質問も受けた。「20代がいきいきと成長を感じながら働いているかをどう把握するのか」「若手社員の会社に対するエンゲージメントは高いのか」。20代の人財とはつまり、企業の10年後・20年後を支える人財のことで、投資家は事業の成長性はもちろん「人」の成長・育成に関する項目をよく見ていることがわかった。

これからの人事部は、投資家と積極的に相対していく、意見交換していくことが大切で、人事側からも積極的に情報を発信していくことが重要だと、白岩氏は考えている。

【インタビューを終えて】
人事部が人的資本経営の推進者

KDDIは人的資本経営の推進者は「人事部」だと認識している。これからの人事部は「指示されたことをミスなく、そつなくこなす」ような、単なる管理部門ではなく、「人材版伊藤レポート2.0」にあるように経営戦略と人事戦略の連動が

重要だと強調する。そしてそれは、人事部の予算の変遷を見ると明らかだという。人的資本経営を実践しはじめてからは、「戦略を設計し実行する予算」の割合が増えているようだ。

　経営戦略と人事戦略の連動にあたっては、経営戦略をつかさどる経営企画本部との連携がとても重要だとする。そのために、経営戦略本部長と人事本部長である白岩氏は1on1を常に行っている。他にもファイナンス部門、経営管理部門とも連携をしている。逆に、経営戦略に関わる議論の場には必ず人事部が参加するなど、人事の位置づけは劇的に変わっていると言う。人的資本経営を推進する一歩は、人事の在り方を見直すことからかもしれない。

2 | サイバーエージェント
自社の人材戦略に沿ったストーリーあるデータを開示

　サイバーエージェントは、インターネットの黎明期からネット広告に特化し、先行者としてそのドメインを確立しており、「働きがいのある会社」としても知られている。人的資本経営を事業の成長とともに営んできた、本家本元とも言える同社の仕掛けや工夫を、石田裕子氏（専務執行役員）にうかがった。

人的資本経営によるプラスのループで急成長

『GEPPO（ゲッポウ）』というエンゲージメントサーベイを活用するなどして、個人と組織の課題をデータで可視化し、改善を繰り返してきた。2020年9月に人材版伊藤レポート、22年5月に人材版伊藤レポート2.0が公表されたことをきっかけに、情報の「可視化」、改善、「人への投資」によってプラスのループが生まれていること、まさに人的資本経営の重要性を再認識できた。

　サイバーエージェントは、1998年の創業当初から経営資源（ヒト、モノ、カネ）のなかで競争優位性の高いものは「ヒト」だと考えてきた企業だ。常に働きがいと働きやすさを追求し、新しい仕事へのチャレンジや選抜やミッションチェンジの環境の提供なども含め、人に対して投資し続けることが自社の文化にもなっていった。変化の激しいインターネット産業において、サイバーエージェントが猛スピードで急成長できたのは「人の力」が一番大きかったと言えるだろう。

　生産性の向上、優秀な人材の獲得、そして企業価値の向上につながるという点から、社員のWell-beingを考えることは重要だと捉えているサイバーエージェントでは、2016年に健康推進室を設置し、心身ともに健康で持続的に働ける環境づくりに注力している。ストレスチェック、産業医面談、睡眠の質向上のためのセミナー、介護に悩む社員に向けたセミナーなど、いろいろな施策に取り組んでいる。

経営戦略と人材戦略の連動のポイントは対話と経営視点

　サイバーエージェントにとって、事業戦略と人材戦略は切っても切り離せない

関係であり、もともと密接に連動していた。「こういう事業に新たに参入しよう。ではこういう人材が必要になる」「こういう人なら、この事業にあてはまる」という具合に、サイバーエージェントでは基本的に事業と人をセットで考えるようにしている。現在の組織規模になっても経営層が社員のことをよく知っているため、役員会においても人材の話に相当の時間をかけているのが実態だ。

　組織の規模が拡大すると、往々にして経営と現場の連携が難しくなるものだが、サイバーエージェントでは2つの工夫をしている。

　一つは、経営層が現場の社員の声をよく聞くこと。リアルの場でも『GEPPO』を介しても、経営層は現場の社員とよく対話をしている。また、現場から出た忌憚のない意見を忖度なく経営会議に持っていくことが日常的に行われている。

　2つ目は、現場と現場のマネジャーが、経営視点に立って物事を判断していることだ。方針や制度がどのような経緯で決まったのか、背景や意図を探ろうとするマインドが備わっていることである。

経営戦略と人材戦略の連動ストーリーに合わせて情報開示を

　サイバーエージェントはこれまで、ESG情報も含めてオープンな情報開示を心がけてきたため、人的資本情報の開示に向けた動きを機に方向性を変えることはない。情報においては以前からデータを蓄積しているため、慌てて無理に新しいデータを取得することもない点が、人的資本経営をすでに実践している証しでもある。経営戦略と人材戦略の連動ストーリーに必要なデータを必要なタイミングで包み隠さずオープンに出す、これが自社の基本的な姿勢なのだ。

　開示にあたっては、投資家、株主の目線で考えて、競争優位性の高い項目を明確に提示したいと考えている。例えば、新規事業の創出数、子会社の誕生数、事業責任者の就任年齢などがそれに該当する。一方で、組織課題を感じ改善に取り組んでいる項目についても情報開示をしていく。投資家からの意見も真摯に受け止め、社内でディスカッションし、改善アクションにつなげているのである。

【インタビューを終えて】

情報格差をなくし、共通認識を持つ

　人材データなどデータ蓄積の面において、サイバーエージェントは以前から数々の工夫を独自に開発して実践している数少ない1社である。データにもとづ

いて人事課題を解決する「ピープルアナリティクス」に早くから取り組んでいる。社員の声を定量的かつ定性的にストックできる体制を整えることの重要さをよく知るサイバーエージェントは、人事部のなかにデータ統括室をつくり、データを集める人、不足しているデータを整える人、分析する人、課題を特定する人が集まって協業している。

　集めたデータの捉え方は人それぞれであるため、どう意味づけるかを重要視している。数値情報だけでなく、それをどのように捉えたのかも含め、各事業部のボードメンバーに伝えるようにしている。同じ結果を見て共通認識を持つこと、情報の格差を極力なくしていくことが大切だと言う。また、意思決定の際は、データや社員の声だけでは意味がなく、企業文化や事業状態も加えてバランスよく照らし合わせていくが、このバランスは各社各様にすればよいという。総合的なバランスを自社に合ったやり方で見つけていくのがいいと考えているのが、サイバーエージェントらしい。

3 | SOMPOホールディングス
会社と社員のパーパスを重ね合わせエンゲージメントを向上

　人事部門のトップがIR畑で培ってきた知見を人事に活かすことで、従来型の内向きな人事ではなく、市場や従業員、応募者から評価される外向きの人事として実践を始めた人的資本経営について、SOMPOホールディングスの原伸一氏（グループCHRO執行役専務）に話をうかがった。

人材の育成よりも人件費の削減に走った30年

　IRの実務経験が長かった原氏が、現在の投資家の期待や視点の変化を感じはじめたのは2020年代に入ってからだという。例えば2010年頃、人事領域に関して投資家から質問されたことは、「買収する海外企業の役員の報酬やリテンション」だった。現在のように、「組織のエンゲージメントはどうか」「スキルアップや人材育成についてどう考えているか」などを聞かれることは一切なかった。

　それがいまでは、ESGの観点からまずは「E＝環境」について、それから「S＝ソーシャル」のなかでも「人材とそのエンゲージメント」について聞かれる頻度が増えたという。その変化の速度でいえば、欧州の投資家は速く、その次に日本の投資家だそうだ。日本は岸田政権に変わり、「人的資本の強化」が政策に盛り込まれたことに起因していると原氏は考えている。

　原氏は続ける。日本企業はこの30年、現在の意味合いでの「人的資本投資」は、ほぼ何もやってこなかった。日本企業は「所属する会社のなかで必要とされるスキル」を育成する、いわゆるメンバーシップ型雇用が主流だったので、給与は年齢とともに徐々に上がり、解雇はされず、会社という塀のなかで安心安全に働くことができた、まさに高度成長期には画期的な仕組みだった。

　一方で、「年功序列からの脱却」や「労働市場の活性化」「ジョブ型雇用」などの必要性は、当時から認識されていた。しかし国内では、1990年代〜2000年代前半は業績が思うように伸びなくなっていき、人件費を削減することで利益を出し、投資家にアピールするという方向性へ走ってしまった。成果主義や評価主義は失敗だったと認識され、人的資本投資の予算が削られた。費用対効果が見えな

いものは優先的に削減されていったと振り返る。

「MYパーパス」の設計でキャリア自律を促す

　企業にはパーパスや中期経営計画、バリュー、ミッションがあるが、それが本当に明確になっているかというとそうとは限らないと原氏はみている。「こういう方向でビジネスを推し進めていく、そのために必要な技術と人材はこうである」ということを目に見える形で定めている企業は、そんなに多くはないと考えている。

　重要なメッセージは、「経営戦略を形あるものにしなさい」ということ。それがなければ人事戦略を立てることはできない。少なくとも経営ボードが経営戦略を検討するなかで、人事戦略についても紐づけていく必要があり、その経営ボードのなかにCHROが欠かせないと強調する。

　SOMPOホールディングスでは「会社都合での異動を行わない」と決定した。ただし、それはあくまで宣言であって、完成はまだ先であるという。その決定に至る前提として同社は、自分自身はどのような人間なのか、自分にとっての幸せとは何か、自分自身が人生において成し遂げたいことは何か、といった「自分自身の人生の意義や目的」あるいは「働く意義」を指す「MYパーパス」を起点に、すべての人事制度をつくり上げている。

　そもそもSOMPOのパーパスは、「“安心・安全・健康のテーマパーク”により、あらゆる人が自分らしい人生を健康で豊かに楽しむことのできる社会を実現する」である。保険という領域にとどまっていてはこのパーパスを実現できないため、あらゆるビジネスへの挑戦を始めている過程にある。そこで必要な人材を「3つのコア・バリュー」として定義した。「ミッション・ドリブン」「プロフェッショナリズム」「ダイバーシティ&インクルージョン」の3つである。

　社員一人ひとりが自らのキャリアを考え、社員一人ひとりに「MYパーパス」を持ってもらいたい。そのためには会社都合の異動は行わず、「公募制」が適切であると判断したのだ。人事部の役割は、自ら考え、自らの意思で行動できる社員を育てるために必要な情報と制度を整えることだと原氏は語る。

　しかし、多くの従業員は、自律を前提にしていない環境で育ったために、「戸惑いはある」と認識している。キャリアを考えたうえで大学を選び、会社に就職する人材はまだまだ少ないのが実態だ。だからと言って、何をやっても無駄だと

諦めるのか、あがくのか、そのどちらかでしかないわけではなく、同社は「あがこうと決めた」、それだけだという。例えば、「MYパーパス」は自らの原体験に深く入り込んで考えていく必要があるが、一人ひとりに委ねるのではなく、コーチとの対話を繰り返すことで自分のなかで本当にやりたいことを炙り出していく、という方法をとっている。

情報開示は「誰に何をメッセージしたいのか」で考える

　人的資本経営の開示にあたって、同社は「独自性」を次のように考えている。大切なのは「開示する側の立場で考えない」こと。「自己満足にならないように」し、あくまでも「読み手」の観点を大切にしなければならないとする。例えば、読み手の一員は「社員」である。社員が読んだとき、「投資家から期待されている観点、投資してもらえている理由」を理解してもらい、さらには「こういった人材が求められている」という観点を認識してもらい、それによって少しでも変化してもらえたらと考えている。

　読み手は他にもいる。労働市場に存在する「未来の社員」だ。SOMPOは「MYパーパス」を基軸にすべての人事制度を整えていることを学生に対して発信しているため、同社では「MYパーパス」が必要であることを理解してもらっている。人気企業ランキングを見て入社する人材ではなく、キャリア自律の視点を持った人材が増えるのではないかと期待している。

　もちろん「統合レポート」では「投資家」という読み手も相当意識しているという。「人的資本経営がどれだけ企業価値に反映されているのか」を相関分析などにもかけて、丁寧に説明している。「どのような項目を開示すればいいのか」と考えるより先に、「誰に対して、どんなメッセージを届けたいのか」を考える。それに尽きるという。

【インタビューを終えて】

人事部の仕事の性質がガラリと変わる

　現場の一人ひとりが「MYパーパス」を実現できる組織にするためには、「あなたはこの会社でどういった貢献ができるのか」という対話を日常的にできる人材が必要になってくる。現場のマネジャーの役割は、管理職でもボスでもなく、「いろいろな価値観を持つ人と対峙できる人」「個に向き合い、個にコーチを与え

られる人」。そして自分たち人事は、現場のマネジャーの価値観と意識を変えていくのだという。

　今後、人事部が担う仕事の性質がガラリと変わると原氏は予測する。いままでと同じ路線では人が離れ、魅力のない会社になってしまう。ひと言で言えば大変な変化である。しかし、それぞれの企業が自社の企業価値向上に向けて、人事部同士でともにあがいていきたいと原氏はエールを送る。

謝　辞

　本書を執筆中にも、人的資本経営に関する相談や執筆、講演の依頼が、業種や企業規模を問わず続々と寄せられている。それだけ裾野の広い、関心の強いテーマであることを実感するところである。人的資本経営は、日本においてはまだ始まったばかりの黎明期であり、現在進行形なのである。

　思い返せば、私が人的資本経営というテーマに初めて触れてから、今日に至るまでの約20数年を振り返りながら、日本経済の凋落ぶりを嘆くだけでは何も生み出さないと思いつつ、ただ悶々として過ごしていたところに、執筆の話が持ち上がった。これを機に、日本の人材マネジメントに関する歴史を丁寧に振り返り、そこから見えてくるものが何か、探索をしてみたいという思いが湧き上がり、筆をとることにした。

　縁とは不思議なもので、思い立ったらすぐに、取材や寄稿の依頼が入ったり、対談の機会が設定されたりと、意外なほど具体的な変化となって、本書の執筆に大きな影響を与えた。ただし、そこには多くの協力者や支援者がいたことは間違いない。

　対談では、ファイナンスやESGの視点、シリコンバレー在住の経験から得た視野で鋭くもわかりやすい説明をいただいた慶應義塾大学の保田隆明先生とは、先生の近著『SDGs時代を勝ち抜く　ESG財務戦略』[77]がご縁で対談や講演を快く受けていただいた。山口大学の内田恭彦先生は私のリクルート在籍時代の同僚で、1990年代から知的資本の研究に携わり、企業研究を重ねてきた希少な逸材で、執筆企画の段階から意見交換や対談を構想し、実現がかなった。テレビ番組のコメンテーターとしてメディアでも活躍され、ジャーナリストとしての確かな目で本質を見抜き、それを明快に表現されていた浜田敬子さんとは、歯切れのいいストレートなコミュニケーションが展開され、刺激になった。示唆に富んだスリリングな対談となったことにあらためて皆さんに感謝を申し上げたい。

　第Ⅲ部では、『日本的ジョブ型雇用』[78]において、ジョブ型導入企業事例として

77）　保田隆明、田中慎一、桑島浩彰『SDGs時代を勝ち抜くESG財務戦略』ダイヤモンド社、2022年
78）　湯元健治、パーソル総合研究所編著『日本的ジョブ型雇用』日本経済新聞出版、2021年

インタビューに答えていただいたKDDIの白岩徹さんに、今回も引き続き快く取材にご協力いただいた。前回同様、人事の最高責任者としての言葉には重みがあり、しかし決してチャレンジ精神とユーモアを欠かさないエネルギー溢れる話を聞かせていただいた。SOMPOホールディングスの原伸一さんは、IRのご経験から人的資本経営を冷静に見られ、人事の新しい姿を見せていただいた。力強い言葉と柔和な笑顔が印象的だ。サイバーエージェントの石田裕子さんは、人的資本経営がご自身の等身大として、当たり前のように存在しているリアリティを感じさせていただき、新鮮な時間をいただいた。

これら一連の対談や企業インタビューの設定、ライティングをしていただいたハッテンボールの外山夏央さん、その編集やサイト設定を超短納期のなかで全力疾走したパーソル総合研究所の井上史実子さん、杉山徳里子さん、小田部美幸さんには、この場を借りてお礼を申し上げたい。

そして、この方との1on1がなければ、本書の執筆と書籍化はなかったであろう、そのキッカケをつくっていただいた、パーソル総合研究所シンクタンク本部の本間浩輔さん。1on1関連の著書[79]を3冊も書き上げた人物だけあって、人をその気にさせるのが上手である。

最後に、日経BPの堀口祐介さんには、前著に引き続き今回も企画の段階からご関心とアドバイスをいただき、お世話になったことをあらためて感謝したい。

私が日本企業の人的資本経営に貢献できる役割は、本書を書いて終わりではなく、ただ講演や取材に応じるだけでもないという思いから、「HCM人事研究会」を所内で立ち上げた。参加者は複数のクライアント企業の人事部長クラスの方々である。とても熱心な議論や学びの姿勢に明るい希望を感じるとともに、少しでも日本企業が地に足のついた人的資本経営を実現できるように、ともに歩んでいきたいと思う次第である。

2022年12月　　　　　　　　　　　　　　　　　　　　佐々木 聡

79）　本間浩輔『ヤフーの1on1　部下を成長させるコミュニケーションの技法』ダイヤモンド社、2017年　他

参考図書

伊丹敬之『人本主義企業』筑摩書房、1987 年

内田恭彦、ヨーラン・ルース『日本企業の知的資本マネジメント』中央経済社、2008 年

リクルートワークス研究所『Works』No.42、2000 年 10 月 11 日

ルイス・ガースナー『巨象も踊る』日本経済新聞社、2002 年

ロバート・S・キャプラン、デビッド・P・ノートン『戦略マップ』ランダムハウス講談社、
　2005 年

ジョン・P・コッター『実行する組織』ダイヤモンド社、2015 年

柳良平『ROE 革命の財務戦略』中央経済社、2015 年

阿部修平、小宮一慶『株式投資の王道』日経 BP、2017 年

小林裕『戦略的人的資源管理の理論と実証』文眞堂、2019 年

松田千恵子『サステナブル経営とコーポレートガバナンスの進化』日経 BP、2021 年

松塚ゆかり『概説　教育経済学』日本評論社、2022 年

NIKKEI Financial 編『ESG の奔流』日本経済新聞出版、2022 年

保田隆明、田中慎一、桑島浩彰『SDGs 時代を勝ち抜く ESG 財務戦略』ダイヤモンド社、
　2022 年

夫馬賢治『ネイチャー資本主義』PHP 新書、2022 年

白井さゆり『SDGs ファイナンス』日本経済新聞出版、2022 年

A.H. Chandler Jr., *Strategy and Structure*, 1962

H.I. Ansoff, *Strategic Management*, 1979

Ezra F. Vogel, *Japan as Number One: Lessons for America*, 1979

Michael E. Porter, *Competitive strategy*, 1980

Gary Hamel & C.K. Prahalad, *The Core Competence of the Corporation*, 1990

James L. Heskett & W. Earl Sasser, Jr., *Putting the Service-Profit Chain to Work*, 1994

Skandia, *Intellectual Capital Prototype Report*, 1998

J.B. Barney, *Firm Resources and Sustained Competitive Advantage*, 1991

Jim Collins, *Why Some Companies Make the Leap and Others Don't*, 2001

Robert G. Eccles, *A Comparative Analysis of Integrated Reporting in Ten Countries*, 2019

[著者略歴]

佐々木 聡（ささき・さとし）
リクルートに新卒で入社後、人事考課制度、マネジメント強化、組織変革に関するコンサルテーション、HCMに関する新規事業に携わった後、ヘイ コンサルティング グループ（現：コーン・フェリー）において次世代リーダー選抜、育成やメソッド開発を中心に人材開発領域ビジネスの事業責任者を経て、2013年7月よりパーソル総合研究所執行役員コンサルティング事業本部本部長を務める。2020年4月よりシンクタンク本部上席主任研究員。立教大学大学院客員教授。慶應義塾大学大学院経営管理研究科修了。
主な著書に『日本的ジョブ型雇用』（共著、日本経済新聞出版）がある。
専門分野は、戦略的人的資源管理、経営リーダー育成、人材アセスメント設計・評価、ピープルアナリティクス、組織開発。

日本の人的資本経営が危ない

| 2023年2月15日 | 1版1刷 |
| 2024年6月14日 | 2刷 |

著　者　　佐々木 聡
©Satoshi Sasaki, 2023

発行者　　中川 ヒロミ

発　行　　株式会社日経BP
　　　　　日本経済新聞出版

発　売　　株式会社日経BPマーケティング
　　　　　〒105–8308　東京都港区虎ノ門4-3-12

DTP　マーリンクレイン
印刷／製本　シナノ印刷
ISBN978-4-296-11589-1

Printed in Japan